拓本價目 購石原價及現值價

庚午六月重訂

現值價以庚午六月為准

居貞草堂漢晉石景

周季木 编纂

周启晋 整理

北京出版集团公司
北 京 出 版 社

图书在版编目（CIP）数据

居贞草堂汉晋石景 / 周季木编纂；周启晋整理．—北京：北京出版社，2019.9
ISBN 978-7-200-13732-3

Ⅰ.①居… Ⅱ.①周…②周… Ⅲ.①石刻—汇编—中国—古代 Ⅳ.①K877.4

中国版本图书馆 CIP 数据核字（2017）第 324742 号

居贞草堂汉晋石景

JUZHEN CAOTANG HAN JIN SHIJING

周季木　编纂，周启晋　整理

选题策划：安　东　高立志
责任编辑：乔天一　张　帅
责任印制：陈冬梅
装帧设计：白　雪

出　　版	北京出版集团公司 北京出版社	开　　本	889 毫米 ×1194 毫米　1/16
		印　　张	9
地　　址	北京北三环中路 6 号	字　　数	77 千字
邮　　编	100120	版　　次	2019 年 9 月第 1 版
网　　址	www.bph.com.cn	印　　次	2019 年 9 月第 1 次印刷
总 发 行	北京出版集团公司	书　　号	ISBN 978-7-200-13732-3
印　　刷	北京虎彩文化传播有限公司	定　　价	298.00 元

目录

序言　關於『東至周氏文叢』

◇孫　鬱

晚清以降有幾個名門望族，所以被人念之懷之，乃延伸了高貴的文化血脈。讀書界對於東至周氏向有愛意，原因也出於此。周氏家族，無論是封疆大吏還是學者，或走在救國的苦路，或因學術而垂範後人，從周馥先生至周學熙再至周叔弢、周叔迦，乃至後輩周一良、周紹良、周景良等，代不乏人，且深染儒林之風。幾代人匯通於古今學術，以民間之力保存古籍、珍視文物，可謂功莫大焉。

通達之士的博古通今，在明清之際是一個傳統。詩文唱酬之間，流動着諸多妙逸。藏書，刻書精善之作得以再傳，都是不朽的功德。前人文脈的傳播，往往仰仗於此。周氏家族雖經戰亂袭擾，而憂患之中不忘故迹，在荒涼的年代保持了心性的美質，以未泯的詩性光澤，輻射着周邊的人們。遙想周叔弢生前諸多善舉，以精良之刻現於世間，其美德愛意，至今被人感念。

近聞周氏後人將所藏海内孤本、稀世珍刻重刊於世，不禁暗喜。如此多的精良之作得以再現，當可讓世人重温舊夢。覽舊藏之美，窺孤本之趣，豈不善哉樂哉。以章太炎先生的觀點看，中國學術，自下倡之則益善，學在民間。中國有這樣的傳統在，取今復古，別立新宗，總不能算是空想。

周氏遺風尚在，文化之根當存。對此種盛業的延伸，我們除了感激，還是感激。

前言（一）

◇楊鑄

《周易》言：『觀乎天文，以察時變，觀乎人文，以化成天下。』中國的傳統文化，肇始於上古先民，歷經一代又一代人的傳承、維新、積澱，綿延了數千年。在這歷史進程中，『家族』文化傳承，是一個值得予以特殊關注的現象。

安徽建德的周氏，在近現代中國，其歷史與文化地位，均不應忽視。僅從起身草莽而任封疆大吏的玉山周馥算起，周氏家族也已遞傳了五六代人。回溯周氏這幾代人的軌迹，可以從中感受到一個微妙的衍變，即由實務與文化并重到尤重文化。在周馥那裏，傾力推動社會教育與家族教育，就是一個突出的亮點；而到周學熙、周學海那裏，這一亮點更得到了發揚光大。於是，很自然地就有了周叔弢的古籍收藏研究，周季木的陶器和金石收藏研究，周志輔的歷史研究與戲曲資料整理，周叔迦的佛學研究……到『良』字一代，更是人才濟濟，爲社會貢獻了多位著名的人文科學學者與自然科學學者。可以説，建德周氏是一個文化色彩濃重的家族、一個文化底蘊深厚的家族、一個文化貢獻卓著的家族。

社會變遷往往是無情的。一個望族要能長久世代相傳，是一件很難的事情。以至早在先秦，古人就發出過『君子之澤，五世而斬』的慨歎。回顧歷史，多少『鐘鳴鼎食』的豪門，不出幾代便『落了片白茫茫大地真乾淨』。然而，建德周氏卻爲我們展示了另一種歷史的可能性。於世風稍顯浮躁的當下，周氏的傳人，不僅在各自的領域中均有優異貢獻，而且能自覺賡續鍾愛傳統文化的家風，使家族的一脈書香得以傳承不隳。《叢書》的刊刻面世，正是周氏後人文情雅趣的體現。

周氏的先輩，不事享樂而傾心致力於文物收藏，曾成爲過上個世紀中國耀眼的文化景觀。尤爲可貴的是，周氏先輩收藏文物，能本『天下爲公』之心，而不囿於一己私利。那些寶貴的收藏，大多最終都無償貢獻給了社會和公衆。這種高風亮節，深爲世人所景仰。周啟晉先生與周群先生也雅好收藏。二位這次編纂《叢書》，將舊藏與新聚之珍貴典籍，擇其精者，以覆刻的形式公之於世，無疑是對前輩風範的弘揚。

《叢書》所收諸書，皆具獨特的文物價值與文獻價值。如自莊嚴堪舊藏之康熙御筆書畫，就是難得一見的文物珍品。據聞康熙的親筆畫作，現今故宫博物院也没有庋藏。周季木精於金石鑒賞考據，其收藏歷來爲學界所重視。《居貞草堂漢晉石影》，則既能展現漢代和晉代石刻的藝術風貌，又爲人們了解周季木的石刻收藏提供了新的綫索。『四公子』之一的袁克文，是民國前期的古籍收藏大家，與周叔弢頗有交往。《寒雲手書所藏宋版書二十九種提要》，當年曾由周叔弢石印出版，這次又特意木版刊行，可謂補足了一段書林佳話。信箋乃傳統文人案頭的必備之物。隨着套色、餖版、拱花等木版印刷技藝的完善，信箋的製作也愈來愈精雅。早在明代，就有了代表當時版畫最高水準的『箋譜』流傳。周明泰既有正統的文史修養，又頗喜戲曲，編纂過《幾禮居戲曲叢書》，在搜集與保存戲曲史料方面做過很多工作。當著名戲曲表演藝術家楊小樓去世後，周明泰以楊小樓演出的戲單制爲多種箋紙。由這些箋紙彙聚而成的箋譜，生動地體現了戲曲藝術與版畫藝術的交匯，也生動地體現了文人趣味與民間趣味的融合。

另外值得一提的是，《叢書》採用了木版印刷與傳統裝幀的形式，製作十分精美。一卷在手，雅氣襲人，既堪悦目，更可賞心。

總而言之，《叢書》的刊行，確爲一件傳承文化、嘉惠學林的美事。

前言（二）　收藏家周季木先生

文◇周珏良

先生名進，字季木，安徽東至人。祖馥，曾任兩廣總督；父學海，名醫學者，《清史稿》俱有傳。先生爲金石學家，精於文物鑒定，富收藏，所蓄三代彝器、漢晉石刻以及印璽封泥極富。又長於書法，爲世所重。先生生於1893年，卒於1937年，享年四十五歲。當時揚州名士大方先生（方爾謙，字地山，大方是他的别號）曾作聯送之：『所得漢碑堪作屋，要收秦印比封泥。』這很能説明他一生在文物搜集上的主要成就。

他藏品（已於他身後由家屬全部捐給故宫博物院）的主要部分是漢、魏、晉三朝的石刻，這是他一生精力集中的地方。關於藏石的緣起和經過，在他於1929年編訂出版的《居貞草堂漢晉石影》自序裏有一段敘述：

……予嗜金石昉於癸丑（1913年）之冬，初只收打本，一二年後漸好原器。乙卯（1915年）歲暮得姚氏石五，其一漢刻也。是爲予齋藏石之始。詰年黄縣王聖郵爲予致其邑人丁榦甫家金石數十事，皆典午以前者。秋冬之交，聞端陶齋（即端方）藏石精好者都流入廠肆，亟往收之。又得漢石十餘種。於是

周季木先生

私念漢晉刻石傳世至稀，宇内所存不及七百，其十之八九爲鄉邑所寶，載之志乘，非私人可以力致。散藏各家不過八十餘石。以陶齋之强有力，一生所聚多至八百。其中漢晉刻石亦只二十有六。今予一歲所得已足與頡頏，倘專吾所好，期以十年，或不難倍其所有。自是收集遂以晉爲斷。凡碑估往來京洛間者，皆與之約，有新出土必先以示予。復遣人至燕豫齊魯諸大邑窮搜之，有所聞見必輾轉求得而後快。狡估居奇，值恒增至三四倍不較也。日居月諸，私藏頓富。列目計之，竟獲百四十餘石，殊非予始意所及料也……

關於他藏石和《石景》的評價，在《石景》的序裏，柯昌泗（字燕舲，著《新元史》的柯劭忞的長子，歷史學、金石學專家）曾説：

……自來藏石者衆矣，而鮮能成書。惟長白托活洛氏（指端方）《陶齋藏石記》網羅廣多，體制弘博，藏石之書，允爲巨擘。試以季木所撰持較同-異，竊爲季木之善於陶齋者凡有三端：陶齋之藏號近千石。然自漢至明，碑志幢像無不甄録。漢晉諸刻不及其半，餘皆易得習見者耳。季木之藏，爲數雖遠不如，固皆典午以前之物也。況陶齋最精之品，如食齋祠園刻石、楊叔恭殘碑、議郎殘碑、封墓刻石、西鄉侯兄殘碑、曹真殘碑、楊煬神道等，爲全書之精華者，已皆爲季木所收。郅佗訪獲亦皆稱是，且或過之。綜計一石可以敵陶齋之十百，其善一也。陶齋之書假手賓僚，但務廣收，不加詳定，致有贋作者雜出其間。大爲全篇之累。季木則以一人之力，精鑒深研，每遇一石必審核至再而後收之。故凡所著録皆有徵驗，不沾沾以浩博自表襮。如『辟易深藏』等字殘石，陶齋録誤作『辟陽殘碑』者，即爲復刻之石，而原石後歸季木，此其佼然者也。是以讀季木之書無瑕瑜互見之遺憾，其善二也。陶齋之時，册籍已有用影印者，乃舍而不從，仍襲鈔傳之舊，讀之但能得其全文，欲睹石刻之真，須再求諸拓本，於學者未爲稱便也。季木則以拓本影印而記其尺寸於左，遠沿鄱陽之式，近放鄭蘇之圖，字畫形制不失毫髮，深得古者圖譜

《皇帝東巡碑》拓片　周季木藏品　今藏國家圖書館

之遺制，其善三也。夫以陶齋之藏石突過前人，其書亦爲後人所不能廢，而季木尚較之有三善焉，則知所謂『古未嘗有』之言，固非友朋阿曲之私譽矣。

居貞草堂藏石除了柯序裏所提到的端方舊藏之外，還有不少由季木先生首先發現、收藏未見著録的豐碑巨碣，如《朝侯小子殘碑》《漢石經殘石》《魏皇女殘碑》《魏石經殘石》，晉石尠、石定兩墓誌，晉當利里社殘碑。雕刻如漢居巢劉君墓中石羊大小共六枚和以年代關係附在最後、然而稀見的南朝刻石『大明六年宋沙門慧坦爲石佛記殘石』等。《石景》出版於1929年，那時他住在當時的北平，藏石繼續有所增加。其中最重要的有『漢西鄉侯兄張君殘碑』左下角一大塊，共有四十餘字：漢『服取』等字殘石，共有三十餘字。他還得到另一只漢羊，和以前所得的六只是同坑出土的。在這只石羊的拓片上，他曾寫了一篇跋語：

與舊得六石系同坑所出，估者以其無字，勿而未收。老友范申之輯古壽春，見此於械内骨董肆，乃購以遺我。夢想十年，一旦竟歸我有，喜可知也。按與此比大者共兩石。他一石流落何處，已無從訪問。或謂爲村童擲之溪河中矣。余頗冀此語不確，異日尚有劍合之望也。去夏其地又出兩石羊，仍爲某估所得。前嘗見拓本，其大小與餘藏大羊相若，惟鐫鑿粗劣，角足俱不顯明。脅下模刻大字五六千，極模糊，僅辨末二字爲『黄羊』而已。以索值奇昂，不敢問價。倘一朝有閑錢，絶不放過，必以『叱石』名軒，用志緣幸。

當時他經濟并不充裕，但興致仍不淺。所續收的漢魏晉石刻殘石從十幾字到幾字，一二字以及半字的共有一百多塊，這些都是未包括在《石景》之内的。合在一起，他一生藏石大小總近二百三四十種，真『堪作屋』了。

他藏石之中有很多可以爲研究歷史提供資料。如所藏黄腸石十一種可以考證漢人葬禮用黄腸石的制度。《石景》第三十八號殘石裏有張角的名字，并且有『天子第一功』等字樣，想是鎮壓農民起義的將領的墓碑。西鄉侯兄張君墓碑，經楊樹達、余嘉錫考訂是後漢張敬的碑。張敬在桓帝時官尚書，因爲除梁冀有功，和尚書令尹勳等同日封侯。碑上的記載對考證碑主的事迹提供了新資料。晉當利里社殘碑爲晉代『社』的基层組織提供珍貴的研究資料。石尠、石定兩墓誌對研究晉史也提供了資料。

他不但藏石突過前人，而且精於鑒別。突出的一個例子就是對魏正始三體石經《虞書·益稷》篇的考證。

在民國辛酉（1921年）左右他得到魏石經尚書『君奭』篇殘石一大塊，曾以『魏石經室』作齋名。後來又於骨董鋪中得到幾塊殘石，其中一塊上面從左到右横列隸書『説女』兩字。經過仔細觀察，他發現女字左上方有一尖頭直劃，想到可能是篆書女字的左下一筆的殘迹。從這個設想，仔細推算，從石經的行款排列上斷定是《尚書》『益稷』篇『汝（女）聽』和『庶頑讒説』兩句的殘文。當時三體石經的諸大塊殘石都未出土，他能於暗中摸索得此結論，可見考證金石的功力。有此發現後，他曾刻一印章曰：『秋浦周季木藏魏正始石經尚書益稷篇殘字之記』，并於辛酉年（1921年）陰曆五月二十五日作詩紀念：

詎知斷瓦殘磚裏，檢點居然出瑾瑜。
從此逢人欣説與，周書而外有虞書。
古籀無存篆又殘，阿誰解當石經看。
倘教垂畫都磨去，此日窗前識也難。
幾爲柱礎幾沉河，零落猶存石一螺。
堪笑潘丁空好事，收來大寶竟蹉跎。
酈注隋書細細研，當時石僅兩經鐫。
雖然文與毛詩合，要是尚書益稷篇。

可以窺見當時他考證成功時愉悦的心情。

搜集秦漢璽印，不是季木先生主要精力所在，但因他鑒别力高，其中也不乏驚人的名品，如『君侯之璽』就是官印中僅見的（現存天津博物館），又有『晉歸義氏王』金印和陳介祺所藏古璽十方等，都是精品。他曾以藏印拓成《魏石經室古璽印景》八卷（未曾印行）。

他搜集封泥也很勤，所得亦不少。後來全部讓給他的堂弟周志輔（明泰），由志輔編成《續封泥考略》六卷，《再續封泥考略》四卷，於民國十七年（1928年）在北京印行。

季木先生搜集文物，有獨特的眼光，往往自辟蹊徑，不屑追隨别人。搜集古陶文始於陳介祺，曾得四千品。同時收藏家還有吴大澂、潘祖蔭、王懿榮、丁良善等人，曾做了些考證研討的工夫，以後就少人注意。他獨注意搜求，也得四千品，保存了一大批研究六國文字的重要材料，使之不至淹没。後來顧起潛（廷龍）先生的著作中就使用了不少其中材料。在抗日戰爭中，他已下世，由我表兄孫師白（名潯，季木的女婿）和其弟孫師匡（名鼎）編輯成《季木藏匋》一書，於1943年精印出版，至今仍是研究六國古文字的重要資料。

季木先生集古的興趣廣泛。除了石刻、銅印、封泥、陶片而外，在三十年代他還收了一批銅器，共十九品，多海豐吴氏子苾舊藏，曾編成《至德周氏居貞草堂藏器》，由商錫永（承祚）先生輯入《十二家吉金圖録》中，印行傳世。早年還搜集過古錢，旋即散去。方地山先生曾説他對此若稍加注意也大可成家的。

他對於金石傳拓也非常注意。最注意應用濰縣陳簠齋的方法，藏石、藏器的拓本都請名工如馬君子雲用濃墨烏金拓，精采奪人。他曾得簠齋手稿，其中有論金石傳拓的部分，影印傳世，名《簠齋傳古别録》。

他在搜藏金石之餘，有時也注意打本。曾收得宋拓《麓山寺碑》、張石舟（穆）題校舊拓本《北海相景君銘》、舊拓宋《爨龍顔碑》等。并有《校碑隨筆補》稿本。又嘗收得敦煌寫本六朝、隋唐寫經數十卷，多書法精美者，其中并在背面抄有曲子詞，很有資料價值。但是這些對他來講都是『餘事』，所以隨來隨散，不甚注意，往往連藏目也不寫一個，這也可見他的秉性之通達脱俗了。

季木先生金石收藏之富既如上述，雖然他不好交遊，更不喜自詡，但實至名歸，仍然如柯昌泗先生爲他所撰的墓誌銘中所説的，已是『遐邇推爲金石學巨擘』。但他也精於書法，恐怕知道的人就極少了。

作爲金石學家，很自然地他着重篆隸，特別是隸書。我小的時候，常聽他説，寫隸書要能懸肘，而且要能鋪毫。他寫字也確是如此做的，所以他的字遒勁多姿，可以説是百年來少見。他的好友柯燕舲先生曾説過，鄧石如是篆隸中一大家，但季木所見金石有許多是『完白所不及見者』，所以隸書『往往出完白外』。

這個評論很有道理，但没有説完全。因爲兩人隸書的取徑有所不同。根據包世臣《完白山人傳》（見《藝舟雙楫》）中所述，鄧石如學隸書時所學的漢隸是《史晨》前後碑、《華山碑》《白石神君碑》《張遷碑》《校官碑》，曹魏碑刻則有《孔羡碑》《受禪碑》等。他學篆書時又對孫吴的《天發神讖碑》用過功夫，而且他是篆刻家，從篆刻中悟出書法，以『常計白以當黑，奇趣乃出』作爲一條藝術原則（見《藝舟雙楫·述書上》）。所以完白晚年隸書成熟之作筆劃偏肥，字内和行間布白的地方往往密多於疏，安排每多奇意，如上海博物館藏的『和畢秋帆黄鶴樓詩』中堂，故宫博物院藏的『皖口新洲詩次江上草堂韻』大幅，安徽博物館藏的十大幅『敖陶孫詩評』（原藏在石如裔孫清華大學教授鄧以蟄叔存先生處）和天津博物館所藏的『經鉏堂雜志』中堂都是此類，而其肥勁之處有時甚近唐隸，如玄宗『祀太山銘』，

季木藏匋拓片

但多含蓄之致，又高於唐隸了。季木先生則不同。他於漢隸最推崇《禮器碑》，對此碑和自己所藏的《小子碑》臨習最多，所以他的隸書天骨開張，結體深穩，筆劃瘦硬而又帶豐腴，和完白確是兩途。但他見到過西北發現的漢簡，又收藏漢魏晉石刻，經常見他摩挲研究，眼界當然比鄧石如當年要開闊得多，所以書意超出完白，也就是進化之常理，不足爲怪了。但也因爲他見得多，眼界高，在書法藝術上追求的境界不同一般，所以對自己的成就總不滿意。我曾見他作書，寫好後往往扔掉，總説：不行，不行。不要説外人求書，他總是推掉，就是家人間也不易得他的手迹。我所藏的只有他一把扇子，一面篆書臨《陳侯午敦銘》，一面以漢隸筆法寫鍾繇《薦季直表》，是十分可貴的。

他既自視不足，不肯多寫，又中年早卒，所以傳世的作品極少。但他偶然爲石刻卷軸用小分書題簽，全用《禮器碑》法，筆意可以企及《流沙墜簡》中五鳳二年簡。他的楷書全無隋唐以後人筆意，偶然以小楷題金石文字，完全是龍門《始平公造像》的神情，意味深遠。但如上面所説，他一向謙虛，不肯給人寫字，所以流傳下來的極少。他的較大幅遺作只有爲堂叔志輔臨的《小子碑》，曾石印過，經過『一年浩劫』也已不可得了。此外還有他臨的《漢甘陵相尚博碑》，尚有珂瓏版影印本流傳。此本雖説是臨書，但如羲之臨鍾書，等於是自運。他晚年對隸書的造詣，在這裏可以略見一斑。1935—1937年我在當時的北平讀大學時，曾幾次見到他以小隸書給人寫墓誌銘，風格類似他所收藏的晉人石尠、石定墓誌。當時刻石之後不知是否有拓片，就是有的話，四十多年之後的今天，恐怕也不見蹤迹了。他的書法遺迹現存的大約也只有以上幾種了。

（周珏良　原北京外國語大學外文系教授）

照中人，最後排站立者，自左至右：周叔弢（長房周學海第三子，20世紀著名收藏家、實業家，曾任天津市副市長、全國政協副主席）；周季木（長房周學海第四子，20世紀著名收藏家、文博研究專家）；周志俊（四房周學熙第二子，著名實業家）；周明龢（九房周學煇第二子，實業家）；周叔迦（四房周學熙第三子，20世紀著名佛學家，與湯用彤齐名）；周明藩（七房周學淵長子）；周雲（大房周學海第五子）；周志輔（四房周學熙長子，著名京劇史專家、文史專家、收藏家）。

坐着的一排，自左至右：周學煇（周馥第九子）；周學淵（周馥第七子）；周學熙（周馥第四子，坐膝上的小孩爲後來的紅學家、佛學家、文史研究大學者周紹良）；周馥第二側室；周馥；周馥和其第二側室之間站立的小孩爲後來的大歷史學家周一良，1950年後，北京大學歷史系的『祖師爺』。

1912年，周叔弢先生母親徐太夫人逝世，弢翁兄弟姐妹十人，合影於揚州大樹巷小盤穀私寓。照中人，前坐三人，自左至右：周達（梅泉、今覺庵）、周暹（叔弢）、周逵（仲衡）；後排，自左至右：周雲（祥五）、周進（季木），周學海三女津愛、長女津榮、五女津午、八女津滿、七女津環。

季木印拓選粹（一）

勞篤文嘗雲：『季木好古，嗜金石，究心傳拓之法，蓋有年矣，而又善刻印，必有以融貫其道。』

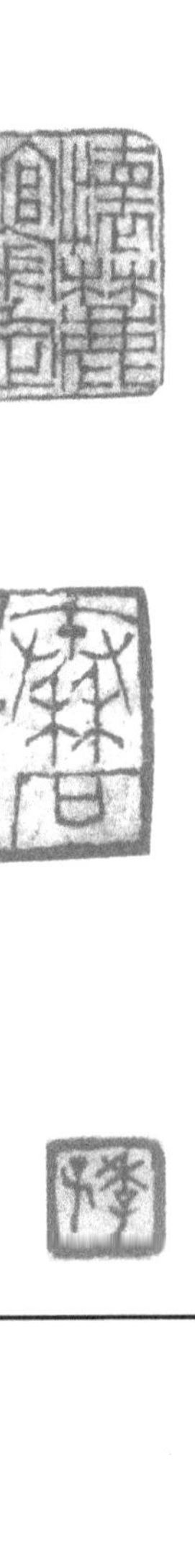

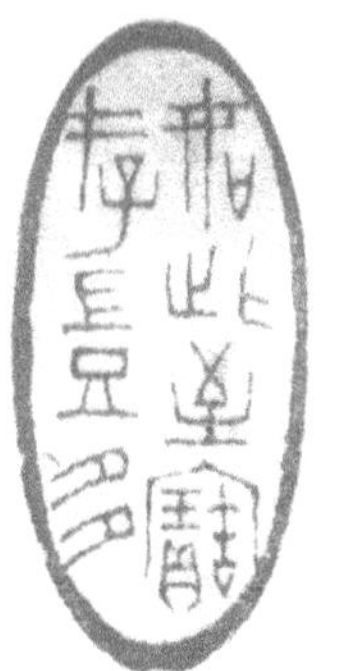

孝弟昭於內忠
信燿於外聰叡
廣淵兼見七典
素丕河雒運度

周季木臨《甘陵相碑》局部

戢兵怡然無
為卜葬倉憂
憔顇精傷神

周季木臨《朝侯小子碑》局部（一）

為童冠講遠

近稱儕贈送

禮聘五百萬

周季木臨《朝侯小子碑》局部（二）

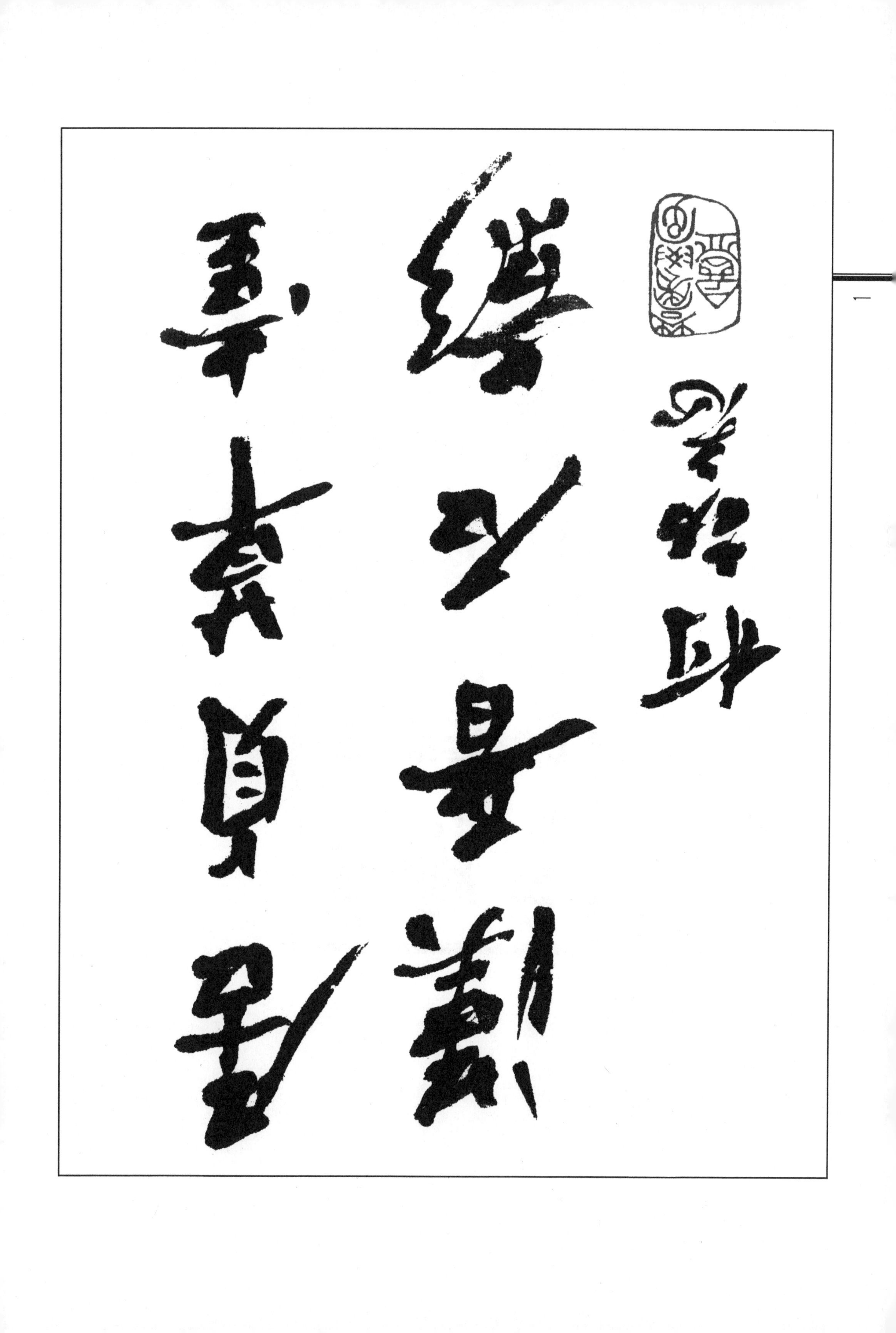

己巳仲夏
秋浦周氏
印于天津

建德周君季木以新撰居貞草堂所藏漢晉石影相示囑爲之序昌泗受而讀之其書悉取歷年所得秦漢魏晉宋石刻多至百三十品而次第其拓本以石印爲一編所謂多矣哉古未嘗有也蓋藏石之風尙矣顧昔賢往往不以爲然黃虎癡有勸勿徙關中志石一文先外祖吳冀州府君之題隋李則墓志亦深致慨於私家藏石之舉然迆及今茲金石流風遠被重譯寰宇貞珉展轉販鬻之中移徙裨海之外有求一拓本而不可得者其未能存於所出之域久矣於此時也搜求藏庋集爲專書傳於不墜斯又集古之士所宜致力者昔也患有藏石者而石佚今則患無藏石者而石愈佚易世以觀功過不同則昔賢之談未可以論吾季木也自來藏石者衆矣而鮮能成書惟長白托活洛氏陶齋藏石記網羅廣多體制弘博藏石之書允爲巨擘

試以季木所撰持較同異竊謂季木之善於陶齋者凡有三端
陶齋之藏號近千名然自漢至明碑志幢像無不甄録漢晋諸
刻不及其半餘皆易得習見者耳季木之藏爲數雖遠不如固
皆典午以前之物也况陶齋最精之品如食齋祠園刻石楊叔
恭殘碑議郎殘碑封墓刻石西鄉侯兄殘碑曹眞殘碑楊陽神
道等爲全書之精華者已皆爲季木所收郅佗訪獲亦皆稱是
且或過之綜計一石可以敵陶齋之十百其善一也陶齋之書
假手賓僚但務廣收不加詳定致有贋作者雜出其間大爲全
編之累季木則以一人之力精鑒深孯每遇一石必審覈至再
而後收之故凡所著録皆有徵驗不沾沾以浩博自表襮如辟
易深藏等字殘石陶齋録誤作辟陽殘碑者即爲覆刻之石而
原石後歸季木此其較然者也是以讀季木之書無瑕瑜互見

之遺憾其善二也陶齋之時册籍已有用影印者乃舍而不從
仍襲鈔傳之舊讀之但能得其全文欲睹石刻之眞須再求諸
拓本於學者未爲稱便也季木則以拓本影印而記其尺寸於
左遠沿鄱陽之式近放鄭蘇之圖字畫形制不失毫髮深得古
者圖譜之遺制其善三也夫以陶齋之藏不突過前人其書亦
爲後人所不能廢而季木尙較之有三善焉則知所謂古未嘗
有之言固非友朋阿曲之私譽矣已巳四月膠西柯昌泗

自來私家藏集古器物以吉金爲尚至碑碣銘志則但求墨本爲考古之資鮮有搜積原石者以故有宋一代僅范雍張燾高紳趙竦邵偉夏元昭吳長文任賢良等十餘家元明三百年間闃然無聞雍乾以後復稍稍有收集者但俱以餘力爲之不甚盛也近四十年此風漸熾始多專力於此者若長安趙氏濰縣陳氏黃縣丁氏溧陽端氏皆藏弆極富著聞於時即潘文勤王文敏吳清卿盛伯羲諸家不以此名者其於斷碑殘碣佛座經幢亦各有所聚蓋流風所播俗尚已成好古者幾無一人無藏石矣予嗜金石昉於癸丑之冬初祇收打本一二年後漸好原器乙卯歲暮得姚氏石五其一漢刻也是爲予齋藏石之始詰年黃縣王聖郵爲予致其邑人丁幹甫家金石數十事皆典午以前者秋冬之交聞端陶齋藏石精好者多流入廠肆亟往收之又得漢

魏石十餘種於是私念漢晋刻石傳世至稀宇内所存不及七百其十之八九爲鄉邑所寶載之志乘非私人可以力致散藏各家不過八十餘石以陶齋之强有力一生所聚多至八百其中漢晋刻石亦祗二十有六今予一歲所得已足與頡頏倘專吾所好期以十年或不難倍其所有自是收集遂以晋爲斷凡碑估往來京洛間者皆與之約有新出土必先以示予復遣人至燕豫齊魯諸大邑窮搜之有所聞見必展轉求得而後快狻估居奇值恒增至三四倍不較也日居月諸私藏頓富列目計之竟獲百四十餘石殊非予始意所及料也今海宇沸騰世變日亟嚮者出石之地多淪爲盜賊之藪欲求訪碑之樂不可再得而予亦閉門自東意趣都消既時出所藏易饘粥恐此纍纍者亦不能久爲予有每摩挲興歎不禁盛衰之感嗚呼烟雲過

眼之物去留本不足繫念然十年辛苦聚積維艱一朝流散能不惘然且此中多希有珍瑋之品出土於我生之後十九未見著錄亦不願其湮沒不彰也於是陳石精拓去其僅存殘畫暨可疑者仿宜都楊氏貞石圖用原式縮影石印復爲之編目而詳載其原來修廣及格徑字徑（悉依建初尺）與夫出土時地見否著錄於其下以備參考書之紙墨裝訂不甚求精美取其値賤可以人人有也書成名之曰居貞草堂所藏漢晉石影因記予所以集石之始末以弁其首云已巳三月秋浦周進記於雙馬纓花寄廬

按予藏之石強半爲無年月及年月闕泐者其時代早遲有視其書勢即能定者有幷考其文字鐫刻製作而後始決者至日晷之列於秦刻食齋畫象之定爲西漢皆各有

所據非故矜奇立異也然而以一人心目鑑定百數光怪之碑敢謂俱確切無疑失哉或不免有漢魏倒置者希大雅宏達爲改正之則幸甚進又識

至德周紹良

居貞草堂漢晉石影目錄

秋浦周進季木輯

一甲 秦始皇詔石權 連紐高八寸廣上七寸下八寸五分兩面刻字徑八分出山東高密未見著錄 吳愙齋所藏石權較此大一倍字在一面據范中之言乃鄒縣紀王城所出

一乙 又背面 高廣同前

二 秦日晷殘石 高存二寸強廣存二寸七分字徑三分強出山西右玉陶齋藏石記著錄乃別一石

三 西漢食齋祠園畫象 高二尺九寸五分廣一尺六寸八分字徑二寸二分出山東鄒縣山左金石志兩漢金石記石索陶齋藏石記著錄

四 漢永初黃腸石 貴平石云云出洛陽未見著錄 高存七寸五分廣存一尺三寸字徑一寸五分強

五 漢永建黃腸石一 李多石云云出洛陽未見著錄 高三尺廣一尺四寸九分字徑二寸

六 又二 索木石云云出洛陽未見著錄 高三尺廣一尺五寸字徑三寸

七 又三 左逵石云云出洛陽未見著錄 高三尺廣一尺五寸字徑二寸強

八 又四 路伯石云云出洛陽未見著錄 高三尺廣一尺五寸字徑二寸五分

九 又五 羅由石云云出洛陽未見著錄 高二尺九寸七分廣一尺五寸字徑二寸三分

十 又六 韓龐石云云出洛陽未見著錄 高三尺廣一尺五寸字徑二寸三分

十一 又七 侯世石云云出洛陽未見著錄 高存二尺六寸廣一尺四寸三分字徑一寸四分

十二 又八 樊陽石云云出洛陽未見著錄 高存二尺八寸三分廣存五寸字徑二寸五分

十三 漢陽嘉黃腸石 土伯石云云高存二尺出洛陽陶齋藏石記著錄 五寸六分廣二尺字徑一寸七分強

十四 漢建寧黃腸石 六百一十四云云出洛陽未見著錄 高存二尺四寸七分廣存一尺二寸四分字徑二寸五分

十五甲 漢沇州刺史楊叔恭殘碑 高存二尺五寸廣存三尺一寸格徑二寸五分出山東鉅野石索金石聚陶齋藏石記著錄

十五乙 又碑陰題名 高存二尺六寸五分廣存三尺二寸字徑一寸五分

十五丙 又碑側題名 高存二尺三寸二分廣一尺一寸字徑一至三寸不等

	原價	現值	拓本價目
一	六十元	八百元 2200	一元五毛
二	十元	廿元 100	五毛
三	二百元	三百元 550	一元五毛
四	六十元	三十元 50	八毛
五	百廿元	五十元 200	一元二毛
六		200	一元二毛
七		200	一元二毛
八		200	一元二毛
九	四百元 680	四百元 200	一元二毛
十		200	一元二毛
十一		50	一元二毛
十二		130	一元二毛
十三	二百卅元	六十元 850	一元二毛
十四	二百元	六十元 200	一元二毛
十五	二千元	三千元 3200	五元

十六 漢建寧殘碑 高存一尺八寸六分廣存一尺六寸七分字徑二寸七分 出洛陽未見著錄

十七 漢熹平黃腸石一 第九百廿五云云 出洛陽未見著錄 高三尺九寸三分廣一尺五寸字徑一寸七分

十八 又二 第六百卌六云云側刻一石字 出洛陽未見著錄 高存二尺五寸廣一尺五寸字徑一至三寸不等

十九 漢石經一 經文待考 出洛陽未見著錄 高存一寸六分廣存一寸四分字徑一寸

二十 又二 公羊春秋經文 出洛陽未見著錄 高存一寸六分廣存二寸字徑一寸

二十一 又三 公羊春秋經文 出洛陽未見著錄 高存一寸三分廣存一寸八分字徑一寸

二十二 又四 公羊春秋經文 出洛陽未見著錄 高存一寸五分廣存一寸字徑一寸

二十三甲 漢封墓記殘石 高存二尺五寸廣存三尺字徑一寸 出山東滕縣十二硯齋三經眼續錄一陶齋藏石記著錄

二十三乙 又兩側畫象 陽文獸形 高左存一尺六寸七分右存二尺一寸廣八寸

二十四 漢百一十斤石權 石扁圓形徑一尺 出洛陽未見著錄 二寸四分有紐已損字徑二寸

二十五 漢居巢劉君墓頂鎮石 石圓徑二尺五寸字徑 出安徽壽縣未見著錄 一寸五分

二十六甲 漢居巢劉君墓中石羊一 連首高一尺七寸廣九 出安徽壽縣未見著錄 寸長二尺一寸字徑一至三寸不等

二十六乙 又背面

二十七甲 又二 連首高一尺六寸八分 出安徽壽縣未見著錄 廣九寸長二尺二寸字徑一至二寸不等

二十七乙 又背面

二十八 又小石羊一 連首高五寸三分廣 出安徽壽縣未見著錄 四寸四分長七寸七分字徑二寸

二十九 又二 連首高五寸八分廣三 出安徽壽縣未見著錄 寸五分長八寸一分字徑二寸三分

三十 又三 連首高五寸五分廣三 出安徽壽縣未見著錄 寸八分長八寸二分字徑二寸一分

三十一 又四 連首高五寸八分廣四 出安徽壽縣未見著錄 寸二分長七寸六分字徑二寸三分

三十二	漢除適刻石一	西岳神符云出定州未見著錄 高一尺一寸廣一尺五寸五分字徑一寸四分
三十三	又二	天壇建立云出定州未見著錄 高一尺五分廣九寸字徑八分
三十四	又三	西南之精云出定州未見著錄 高一尺一寸廣一尺五寸字徑一寸五分强
三十五	漢呂仲題名	高存一尺六寸五分廣存一尺四寸四分字徑大七寸小三寸 出洛陽金鄗鎮未見著錄
三十六甲	漢朝侯小子殘碑	高存三尺五寸六分廣三尺四寸格徑二寸 出陝西長安陽甲城未見著錄
三十六乙	又碑陰題字	高廣同前題字較小徑一寸五分
三十七甲	漢西鄉侯兄張君殘碑	高存四尺四寸三分廣存二尺七寸字徑一寸八分 出洛陽陶齋藏石記著錄
三十七乙	又碑側畫象	陽文虎形高存四尺三寸廣八寸五分
三十八	漢張角等字殘石趺	高一尺六寸廣存一尺八寸二分格徑二寸五分 出山東曲阜未見著錄
三十九甲	漢辟易等字殘碑	高存九寸七分廣存一尺九寸五分格徑一寸五分 出陝西長安陶齋藏石記著錄係摹本無碑陰題字
三十九乙	又碑陰題名	高存三寸二分廣存六寸五分字徑一寸二分
四十甲	漢詔書等字殘碑	高存一尺三寸廣存一尺一寸五分格徑一寸七分 出洛陽未見著錄
四十乙	又碑陰題名	高存一尺四寸二分廣存一尺六分格徑一寸七分
四十一甲	漢小子等字殘石	高存一尺八寸三分廣存一尺四寸二分字徑一寸八分 出陝西長安未見著錄
四十一乙	又陰面造象	高廣同前似出唐人手
四十二甲	漢立朝等字殘石	高存九寸八分廣存七寸二分字徑九分 出處未詳未見著錄
四十二乙	又碑陰題名	高廣字徑同前
四十三	漢行夫等字殘石	高存五寸五分廣存一尺六寸五分格徑二寸一分 出洛陽未見著錄
四十四	漢議郎等字殘石	高存一尺一寸廣存二尺二寸格徑一寸八分 出山東青州陶齋藏石記著錄

四十五 漢遵立等字殘石 高存一尺弱廣存二尺字徑一寸八分 出洛陽未見著錄

四十六 漢處士許岐等題名殘碑陰 高存一尺八寸八分廣存一尺五寸九分字徑一寸二分 出河南未見著錄

四十七 漢靑龍等字殘石 高存一尺三寸廣存一尺一寸二分字徑一寸四分 出直隸未見著錄

四十八 漢故吏王叔等題名殘石 高存一尺二寸廣存一尺二寸四分字徑一寸 出洛陽未見著錄

四十九 漢殘黃腸石 高存一尺二寸四分廣存九寸字徑一寸六分 出洛陽未見著錄

五十 漢故吏廷尉等題名殘石 高存九寸六分廣存一尺四寸四分字徑一寸 出洛陽未見著錄

五十一 漢履和等字殘石 高存一尺九分廣存四寸三分格徑一寸七分 出處未詳未見著錄

五十二 漢時用等字殘石 高存八寸五分廣存三寸六分格徑二寸一分 出洛陽未見著錄

五十三 漢淹滯等字殘石 高存一尺五分廣存三寸格徑二寸五分 出洛陽未見著錄

五十四 漢靜仁等字殘石 高存七寸廣存四寸五分字徑一寸三分 出洛陽未見著錄

五十五 漢悲懷等字殘石 高存六寸九分廣存一尺五分字徑一寸四分 出洛陽未見著錄

五十六 漢孤竹等字殘石 高存一尺七寸廣存一尺七寸二分字徑二寸 出河南未見著錄

五十七 漢呲上等字殘石 高存九寸三分廣存九寸字徑一寸五分 出處未詳未見著錄

五十八 漢虔恭等字殘石 高存一尺二寸廣存九寸六分字徑一寸六分 出洛陽未見著錄

五十九 漢雒陽史武等題名殘石 高存九寸六分廣存七寸一分字徑一寸 出洛陽未見著錄

六十 漢州里等字殘石 高存一尺一寸六分廣存一尺二分格徑二寸二分 出洛陽未見著錄

六十一 漢守一等字殘石 高存四寸六分廣存七寸一分格徑一寸 出洛陽未見著錄

六十二 漢耽樂等字殘石 高存九寸六分廣存四寸八分格徑一寸五分 出洛陽未見著錄

六十三 漢咸會等字殘石 高存五寸六分廣存九寸格徑二寸一分 出洛陽未見著錄

六十四 **漢常山眞定等字殘石** 高存五寸廣存三寸三分字徑大一寸小五分 出洛陽未見著錄

六十五 **漢陽人也等字殘石** 高存五寸四分廣存三寸六分字徑一寸六分 出洛陽未見著錄

六十六 **漢涕泣等字殘石** 高存五寸四分廣存四寸一分字徑一寸六分 出洛陽未見著錄疑與上一石是一碑

六十七 **漢董宏等題名殘石** 高存八寸廣存六寸五分格徑一寸二分 出洛陽未見著錄

六十八 **漢侯之孫三字殘石** 高存六寸五分廣存二寸八分格徑一寸七分强 出洛陽未見著錄

六十九 **漢如淵等字殘石** 高存六寸三分廣存五寸一分格徑一寸七分强 出洛陽未見著錄與前一石疑是一刻

七十 **漢大將等字殘石** 高存四寸三分廣存九寸二分格徑一寸五分 出處未詳未見著錄

七十一 **漢德潤二字殘石** 高存七寸二分廣存五寸四分字徑一寸七分 出洛陽未見著錄

七十二 **漢有秩程翼題名殘石** 高存四寸二分廣存一寸三分字徑七分强 出洛陽未見著錄

七十三 **漢河間等字殘石** 高存五寸八分廣存一寸九分字徑一寸 出洛陽未見著錄穎陽韓一行刻石側凹處

七十四 **漢庶字殘石** 高存四寸八分廣存一寸七分格徑二寸 出洛陽未見著錄

七十五 **漢右扶風等字殘石** 高存四寸廣存一寸五分字徑七分 出洛陽未見著錄

七十六 **漢郭苗題名殘石** 高存四寸廣存一寸九分字徑一寸二分 出洛陽未見著錄

七十七 **漢寔字殘石** 高存六寸七分廣存四寸五分字徑二寸五分 出洛陽未見著錄

七十八 **漢南字殘石** 高存二寸五分廣存五寸三分格徑一寸 出洛陽未見著錄

七十九 **漢高華題名殘石** 高存三寸六分廣存二寸四分字徑一寸一分 出洛陽未見著錄

八十 **漢侯字殘石** 高存二寸七分廣存四寸格徑一寸五分 出洛陽未見著錄

八十一 **漢常字殘石** 高存一寸五分廣存四寸二分格徑一寸 出洛陽未見著錄

八十二 **漢數字殘石** 高存四寸三分廣存四寸五分字徑一寸五分 出洛陽未見著錄

八十三 漢肇字殘石 高存三寸九分廣存六寸字徑二寸二分 出洛陽未見著錄

八十四 漢師字殘石 高存二寸八分廣存五寸弱字徑一寸五分 出洛陽未見著錄

八十五 漢月字殘石 高存二寸三分廣存三寸五分格徑一寸二分 出洛陽未見著錄

八十六 漢繕治等字殘石 高存三寸五分廣存二寸八分字徑一寸 出洛陽未見著錄

八十七 漢以字殘石 高存二寸七分廣存三寸六分格徑一寸二分 出洛陽未見著錄

八十八 漢咎字殘石 高存二寸五分廣存二寸三分格徑二寸三分 出洛陽未見著錄

八十九 漢君字殘石 高存二寸八分廣存三寸四分格徑二寸三分 出洛陽未見著錄

九十 漢官字殘石 高存四寸六分廣存二寸四分格徑二寸 出洛陽未見著錄

九十一 漢顏字殘石 高存三寸三分廣存一寸九分字徑一寸四分 出洛陽未見著錄

九十二 漢海字殘石 高存一寸五分廣存四寸七分格徑二寸二分 出洛陽未見著錄

九十三 漢海東二字殘石 高存三寸七分廣存一寸字徑約一寸 出洛陽未見著錄

九十四 漢元年十三字殘石 高存四寸五分廣存一寸字徑約一寸二分 出洛陽未見著錄

九十五 漢玄字殘石 高存四寸二分廣存四寸一分格徑一寸八分 出洛陽未見著錄

九十六 漢趙順二字殘石 高存三寸五分廣存二寸三分字徑一寸 出洛陽未見著錄

九十七 漢議曹掾三字殘石 高存二寸九分廣存一寸二分格徑一寸二分 出洛陽未見著錄

九十八 魏石經一 尚書君奭 出洛陽未見著錄 高存一尺六寸二分一存一尺三寸六分格徑一寸二分

九十九 又二 經文待考 出洛陽未見著錄 高存一寸四分廣存二寸三分字徑一寸

一百 又三 古篆二體 出洛陽未見著錄 高存二寸五分廣存二寸八分字徑一寸

一百一 又四 尚書皐陶謨 出洛陽未見著錄 高存六寸五分廣存三寸一分格徑一寸五分

一百二 又五 經文待考 出洛陽未見著錄 高存一寸廣存二寸六分字徑七分

一百三甲 魏大將軍曹眞殘碑 高存三尺二寸五分廣四尺二寸五分格徑二寸 出陝西長安金石聚陶齋藏石記著錄

一百三乙 又碑陰題名 高廣同前格徑一寸四分

一百三丙 又兩側畫象 陰文龍虎形高左存三尺三寸一分右存一尺九寸四分廣九寸五分

一百四 魏皇女殘碑 高五尺五寸廣存一尺三寸六分字徑二寸 出洛陽金邨鎮未見著錄

一百五 魏張盛墓記 高存一尺四寸五分廣一尺二寸五分格徑二寸 出河南未見著錄

一百六 魏禮式等字殘石 高存五寸六分廣存九寸三分字徑一寸二分 出河南未見著錄

一百七 魏祿養等字殘石 高存九寸八分廣存八寸五分字徑二寸 出洛陽未見著錄

一百八 魏西掖門衛士張君殘神坐 高存一尺一寸廣四寸二分字徑二寸三分 出洛陽未見著錄

一百九 魏司空等字殘石 高存五寸五分廣存四寸五分格徑一寸四分 出洛陽未見著錄

一百十 魏俾登等字殘石 高存六寸四分廣存四寸五分字徑二寸二分 出洛陽未見著錄

一百十一 魏祖載二字殘石 高存四寸八分廣存二寸三分字徑二寸 出洛陽未見著錄

一百十二 魏傷字殘石 高存五寸六分廣存四寸五分字徑二寸三分 出洛陽未見著錄

一百十三 魏五字殘石 高存五寸廣存二寸六分字徑二寸 出洛陽未見著錄

一百十四 魏將侍二字殘石 高存三寸六分廣存三寸七分字徑二寸二分 出洛陽未見著錄

一百十五 魏乾字殘石 高存三寸二分廣存四寸七分字徑三寸 出洛陽未見著錄

一百十六 晉導官令馮恭墓門題字 高五尺六寸廣四寸兩端廣四寸六分字徑一寸三分 出直隸唐山縣未見著錄

一百十七甲 晉幽州刺史石尠墓誌 高一尺九寸八分廣九寸八分格徑九分 出洛陽邙山下未見著錄

一百十七乙 又背面 高廣格徑同前

百十七丙 又兩側題記 高同前廣四寸二分格徑九分

一百十八 晉處士石定墓誌 高一尺九寸九分廣九寸八分格徑九分 與尠志同時作同時出土未見著錄

一百十九 晉汲令王君立石獅題字 高存一尺九寸廣存一尺一寸三分字徑三寸 出河南汲縣未見著錄

一百二十 晉察孝騎都尉楊陽神道 高一尺五寸七分廣一尺八寸六分字徑一寸五分 出四川巴縣金石聚陶齋藏石記著錄

百廿一甲 晉當利里社殘碑 高存二尺九寸廣二尺六寸五分格徑一寸六分 出洛陽未見著錄

百廿一乙 又碑陰畫象題名 高廣同前格徑一寸

百廿二甲 晉袁君殘碑 高存二尺一寸七分廣存一尺四寸格徑一寸四分 出處未詳未見著錄

百廿二乙 又碑陰題名 高廣同前格徑八分

百廿三 晉李脩等題名殘石 高存七寸二分廣存八寸四分字徑七分 出洛陽未見著錄

百廿四 晉李脩印范殘石 兩面刻字高存四寸一分廣存二寸二分字徑五六分不等 出處未詳未見著錄

百廿五 晉宋龍等題名殘石 高存五寸三分廣存三寸二分字徑七分 出洛陽未見著錄

百廿六甲 晉仲舉等字殘誌 高存二寸三分廣存四寸五分字徑七分 出洛陽未見著錄

百廿六乙 又右側題名 高存一寸九分廣四寸七分字徑七至九分不等

百廿七 晉次柏等字殘石 高存一寸八分廣存四寸七分字徑七分 出洛陽未見著錄

百廿八 晉楡次等字殘石 高存三寸七分廣存一寸四分字徑七分 出洛陽未見著錄

百廿九 晉元行等字殘石 高存三寸七分廣存五寸二分字徑七分 出洛陽未見著錄

百三十 晉節字殘石 高存二寸二分廣存二寸五分字徑一寸 出洛陽未見著錄

百三十一 宋沙門慧坦爲石佛記殘石 高存一尺八寸七分廣存一尺六寸字徑一至二寸不等 出山東未見著錄

居貞草堂所藏漢晉石影

一甲

廿六年皇帝盡并兼天下諸侯黔首大安立號為皇

一乙

帝乃詔丞相狀綰灋度量則不壹歉疑者皆明壹之

三

二

四

五

七

八

九

十一

二十

十三

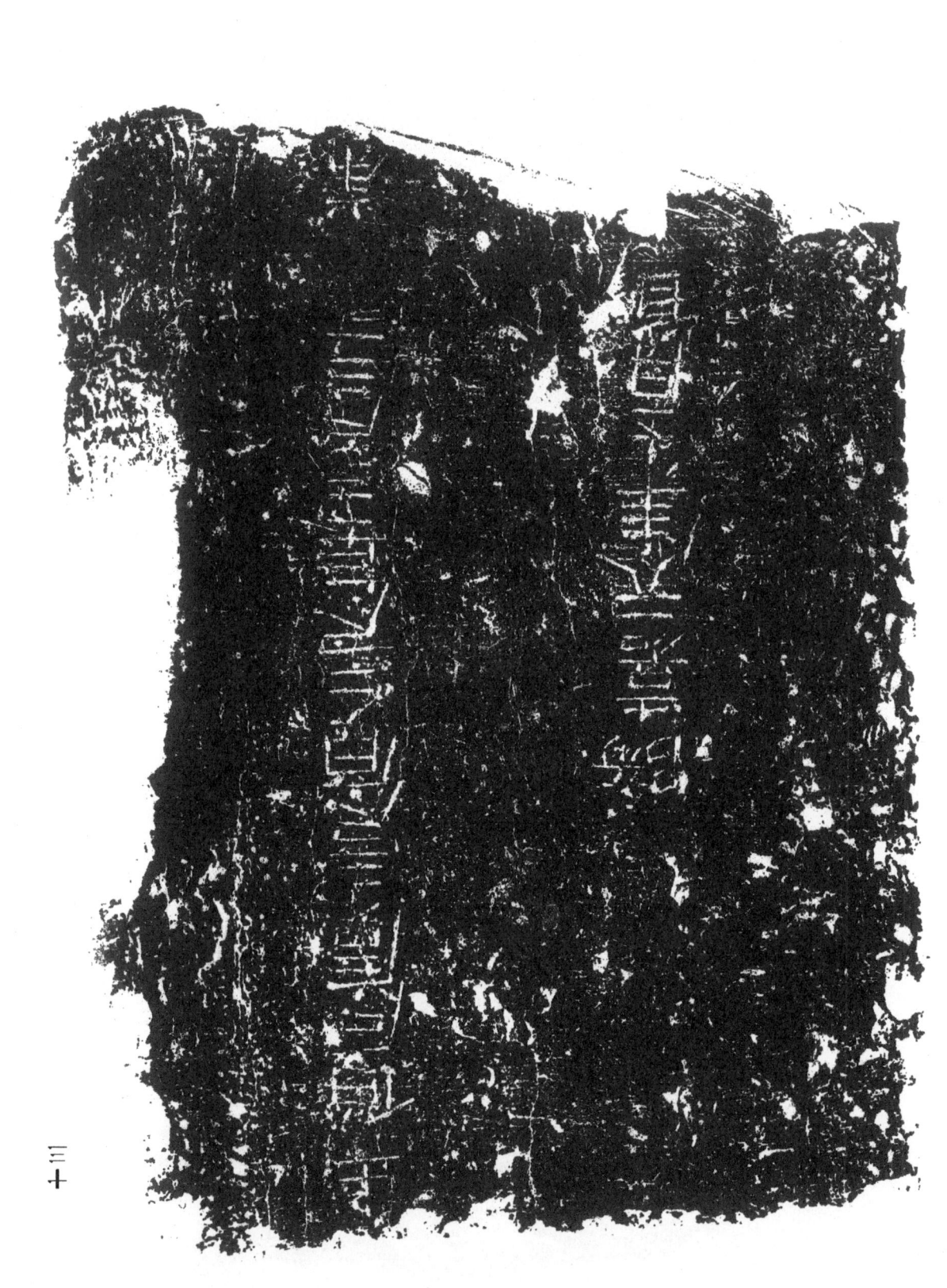

十四

十五甲

十五乙

十五丙

十六

十七

十八

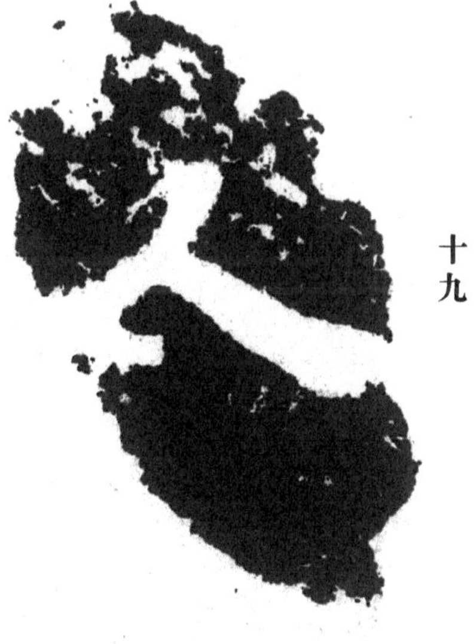

十九

二十

二十一

二十二

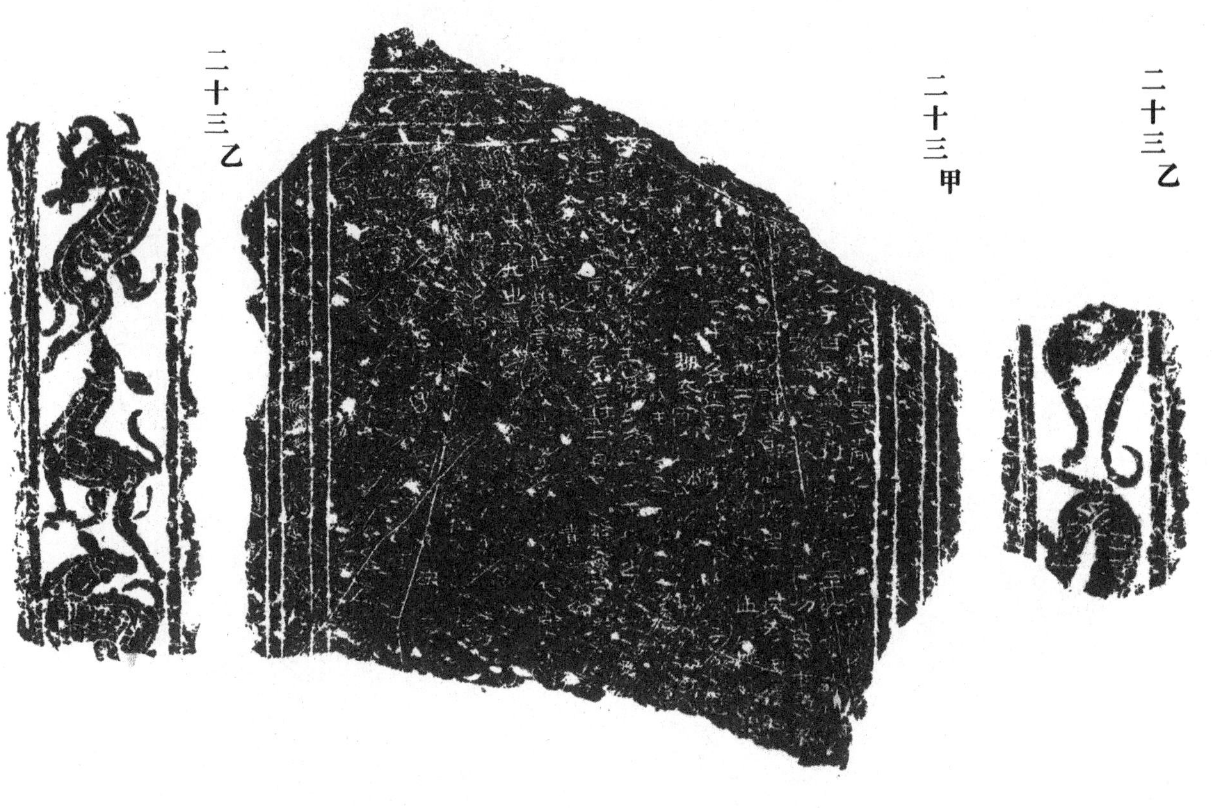

二十三乙

二十三甲

二十三乙

二十四

二十五

東坡游白水山詩云
仙人勸酒不用勺石
上自有樽罍窪

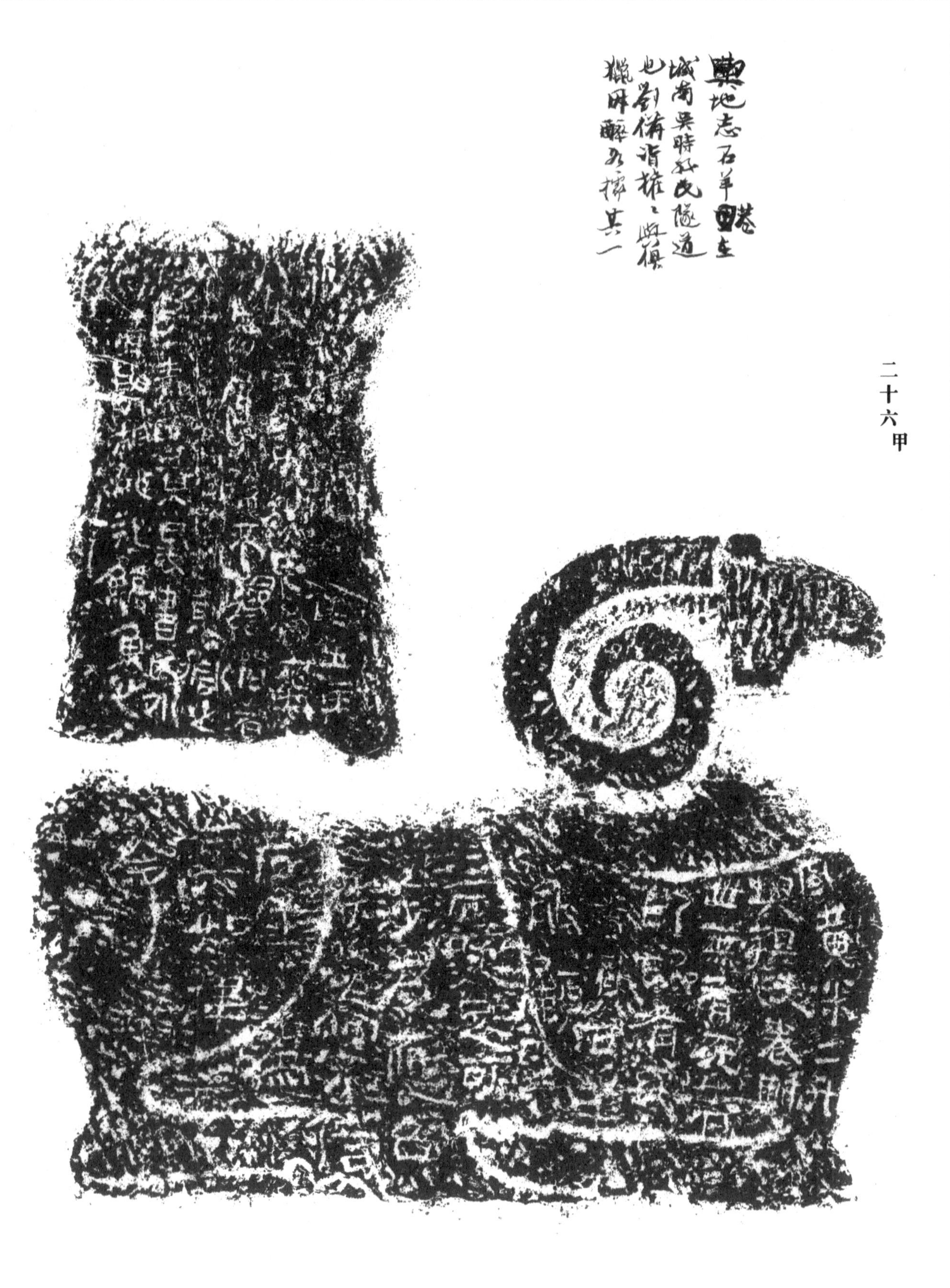

二十六甲

二十六乙

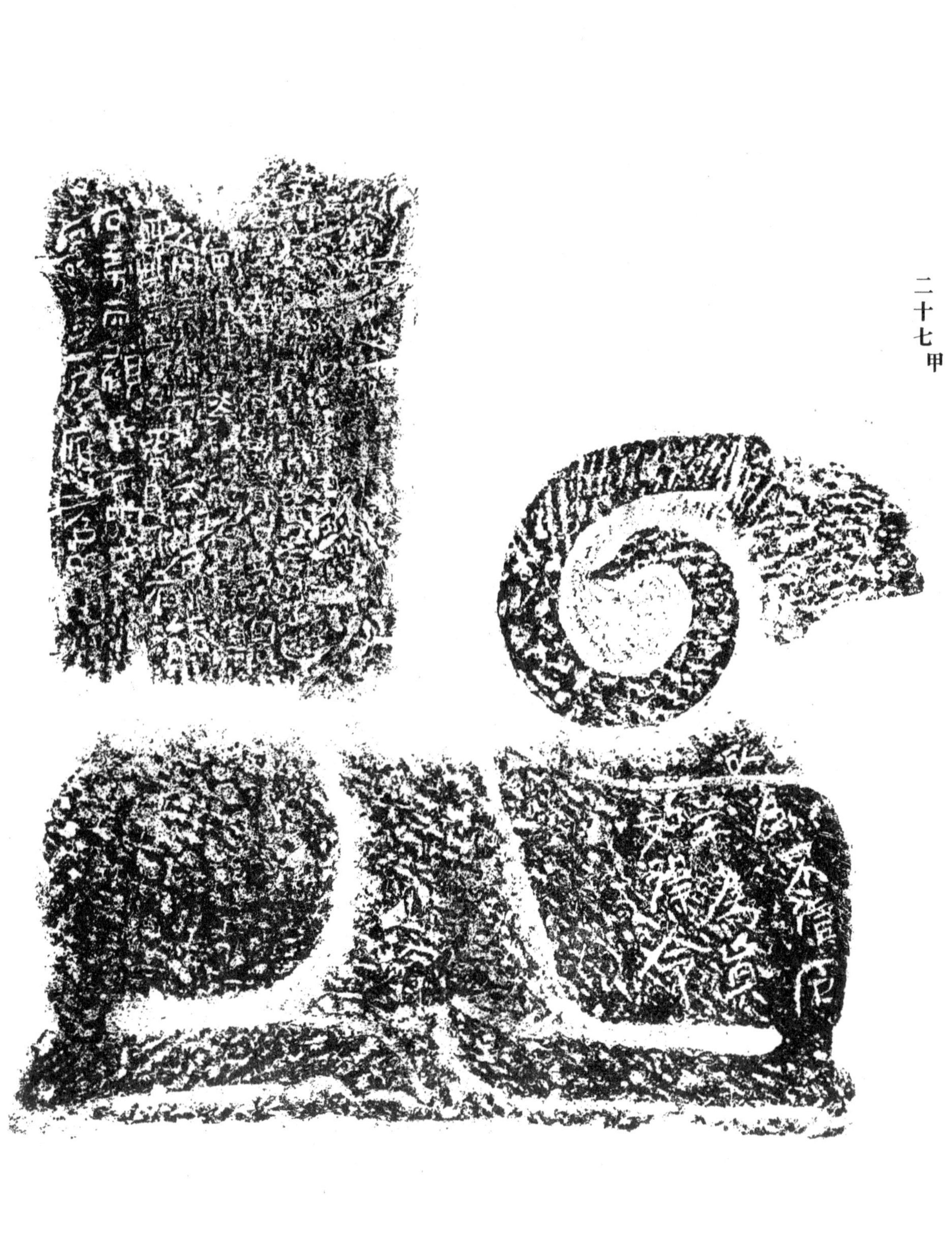

二十七甲

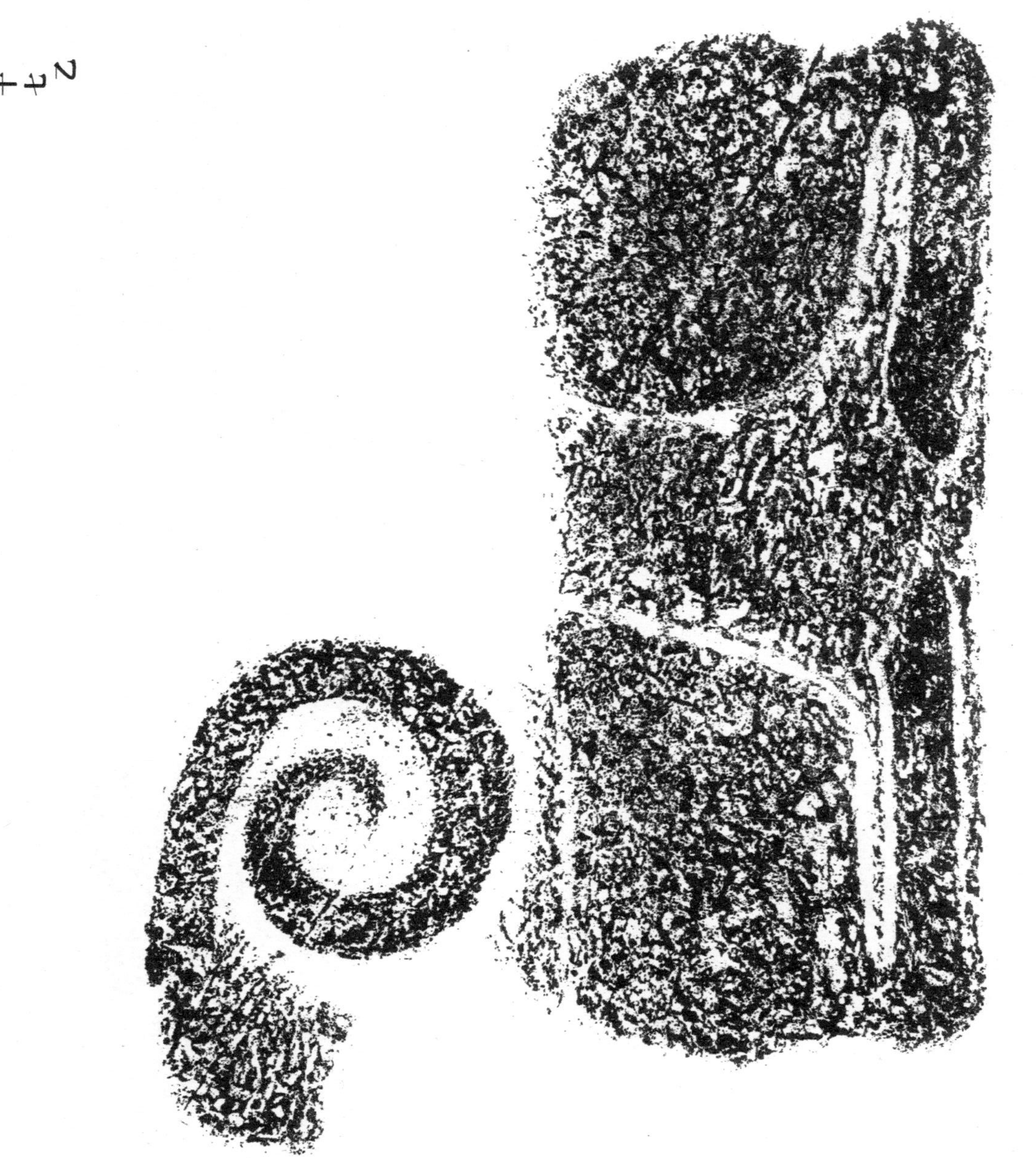

乙七十三

二十八

二十九

三十一

三十

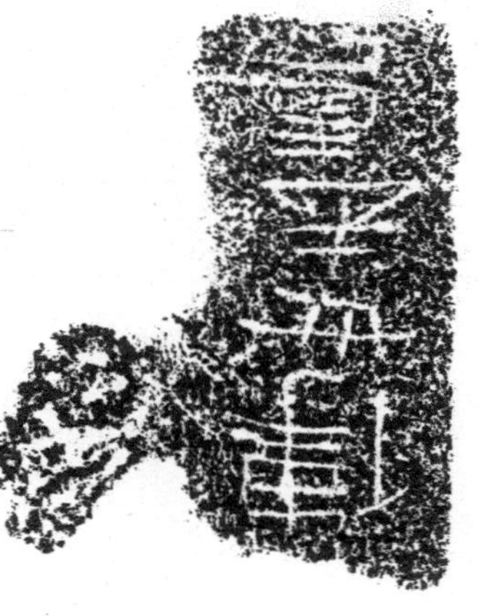

三十二

三十三

三十四

三十五

朝廷之小子也[illegible][illegible][illegible][illegible]嘗履

孫學兼游夏服勤[illegible][illegible]偷而度一小

學中大主晨已䝉托為童冠講遠近稱

儻贈送禮賻五百萬已上君皆不受竭

家見雖二連居喪孟獻加勞無已踰篇

行已君為首郡請署主簿督郵五官掾

否好不廢過憎知其善妄休遲在家屢

屢除郎中拜謁者已能家為光祿丞上

討姦雄除其務賊曜德㪚兵怡然無為

[illegible]上葬合憂憔顇精傷神越絡殁之曰

體形銷氣盡遂已毀滅[illegible][illegible]惜痛哉小

兆而不朽當在紀典者矣故表斯碑已

[illegible]之真辭賻距贈高志凌雲然其孝

碩凶哀勤寧畏[illegible]并氣結已隕厥身

禮記事師無犯無隱左右就養無方服勤至死心喪三年

三十六乙

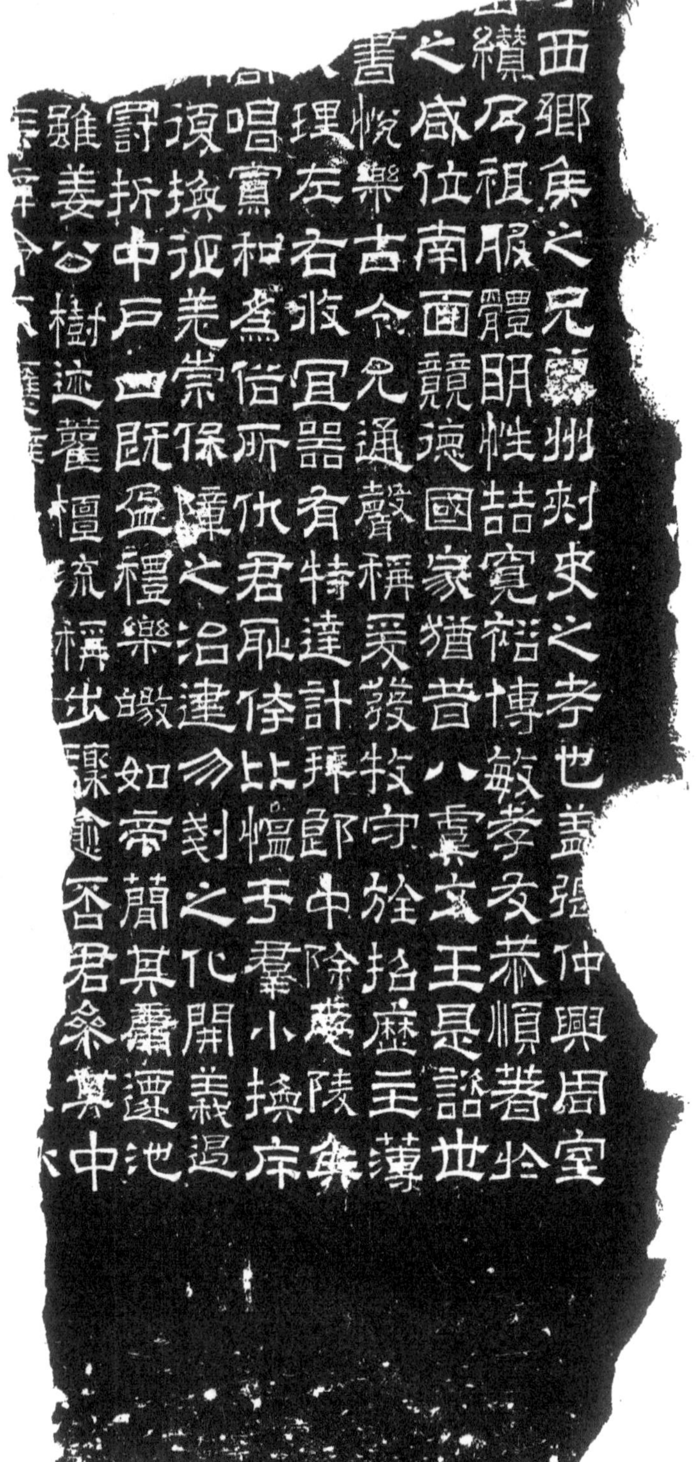

西鄉侯之兄□州刺史之孝也蓋張仲興周室
纘戎祖服體明性喆寬裕博敏孝友恭順著於
之咸位南面競德國家猶昔八虞文王是諮世
書悅樂古今允通聲稱爰發牧守於招歷主薄
理左右攸宜器有特達計拜郎中除鄢陵令
唱亶和焉佁所化君恥倖比慍于羣小換序
復換征羌崇保障之治逮勿剝之化開義過
尋折中戶四既盈禮樂皦如帝蔺其釁遷池
雖姜公樹述藿檀流稱出謙遠否君乘冀中

三十七甲

三十七乙

三十八

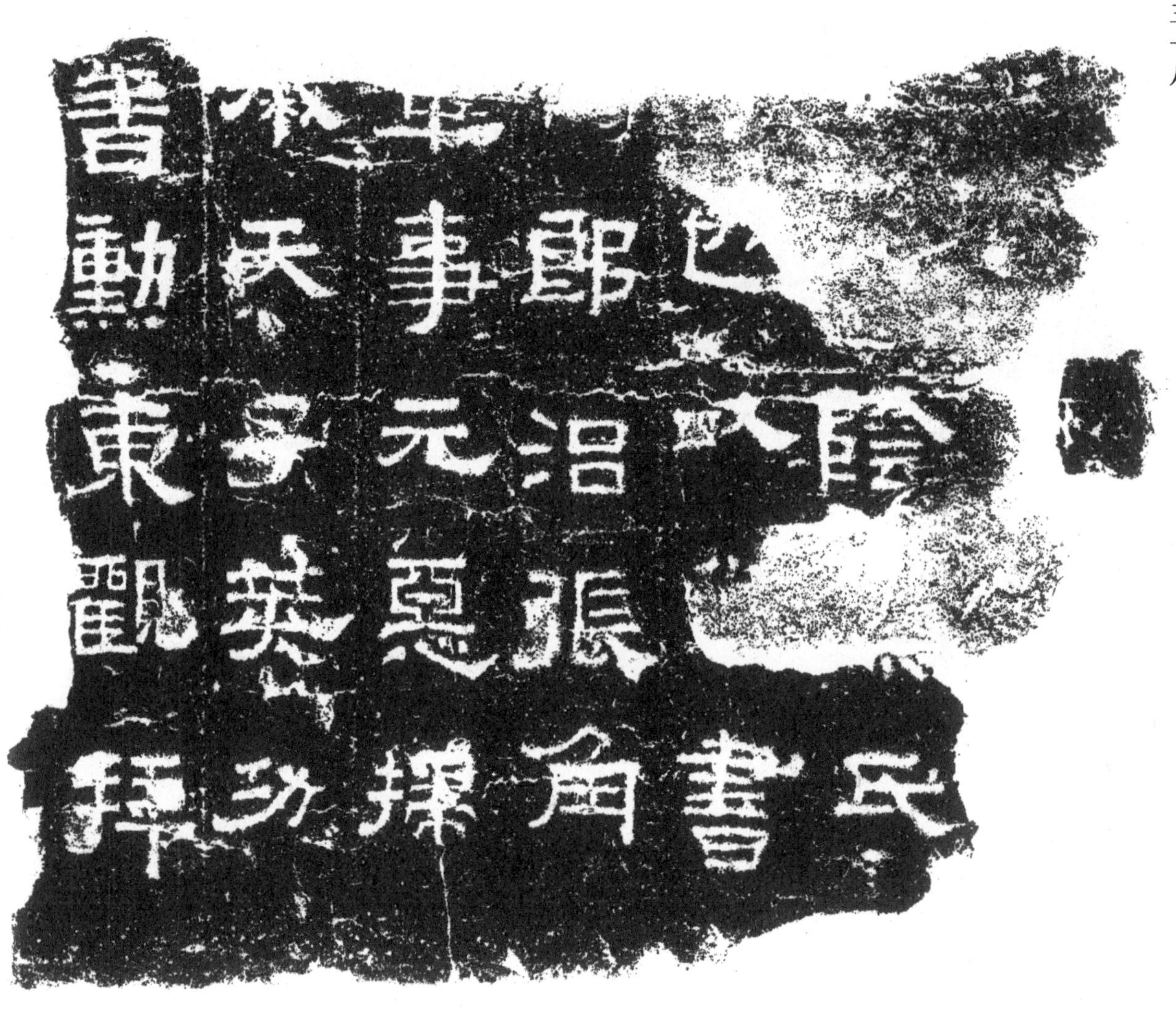

三十九甲

三十九乙

四十甲

四十乙

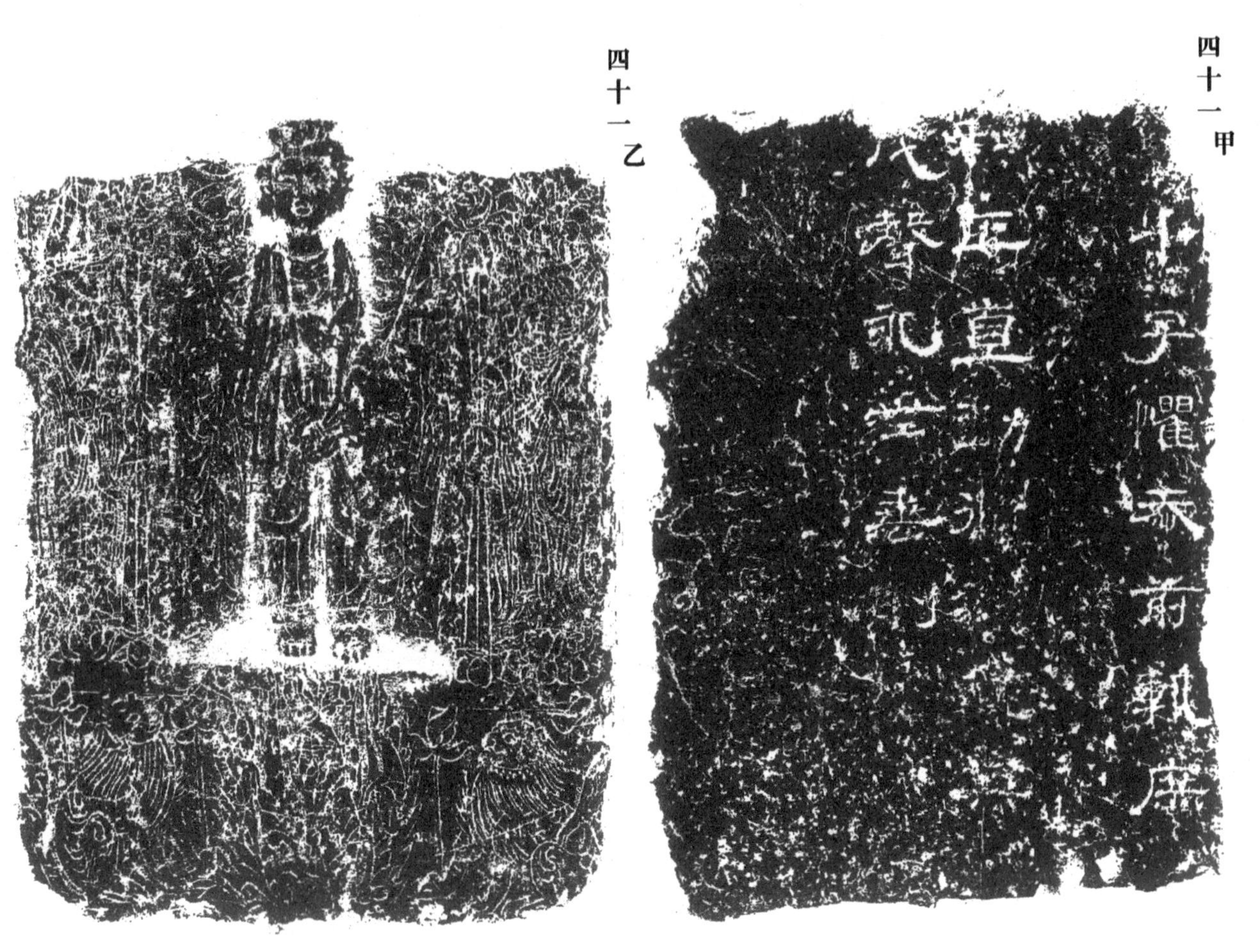

四十一甲

四十一乙

四十二甲

四十二乙

四十三

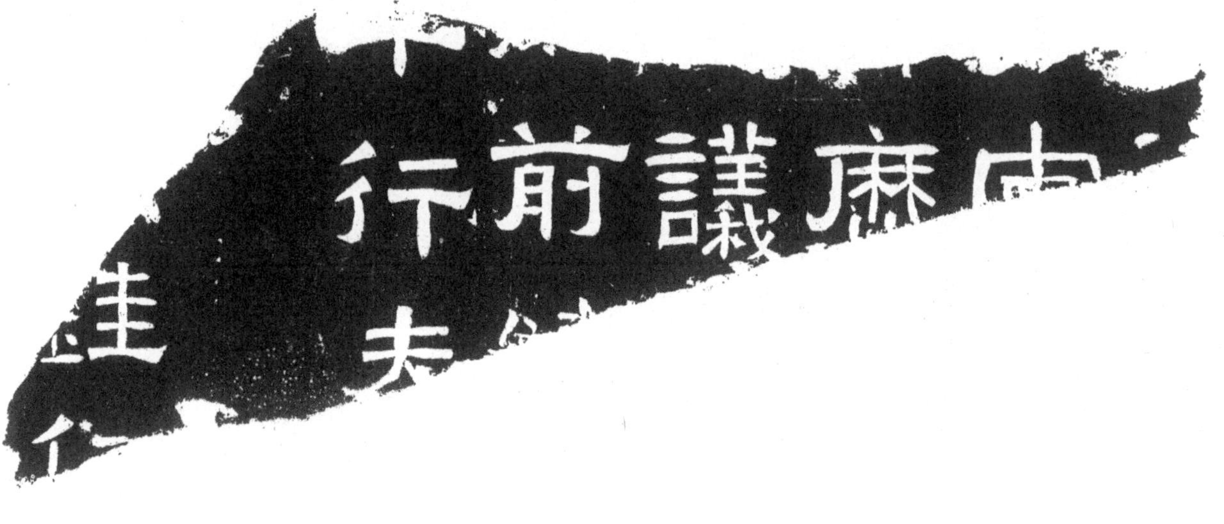

四十四

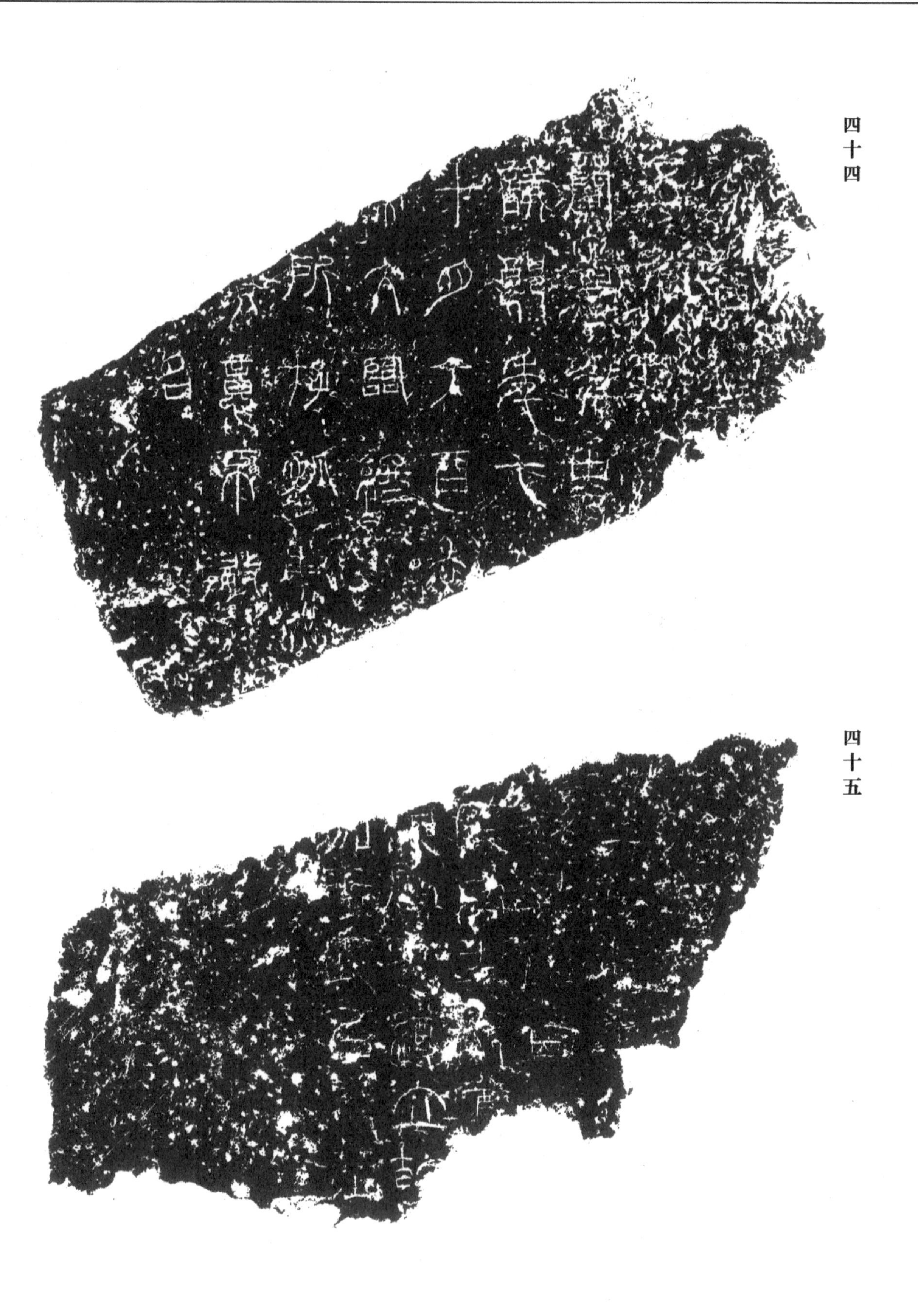

四十五

四十六

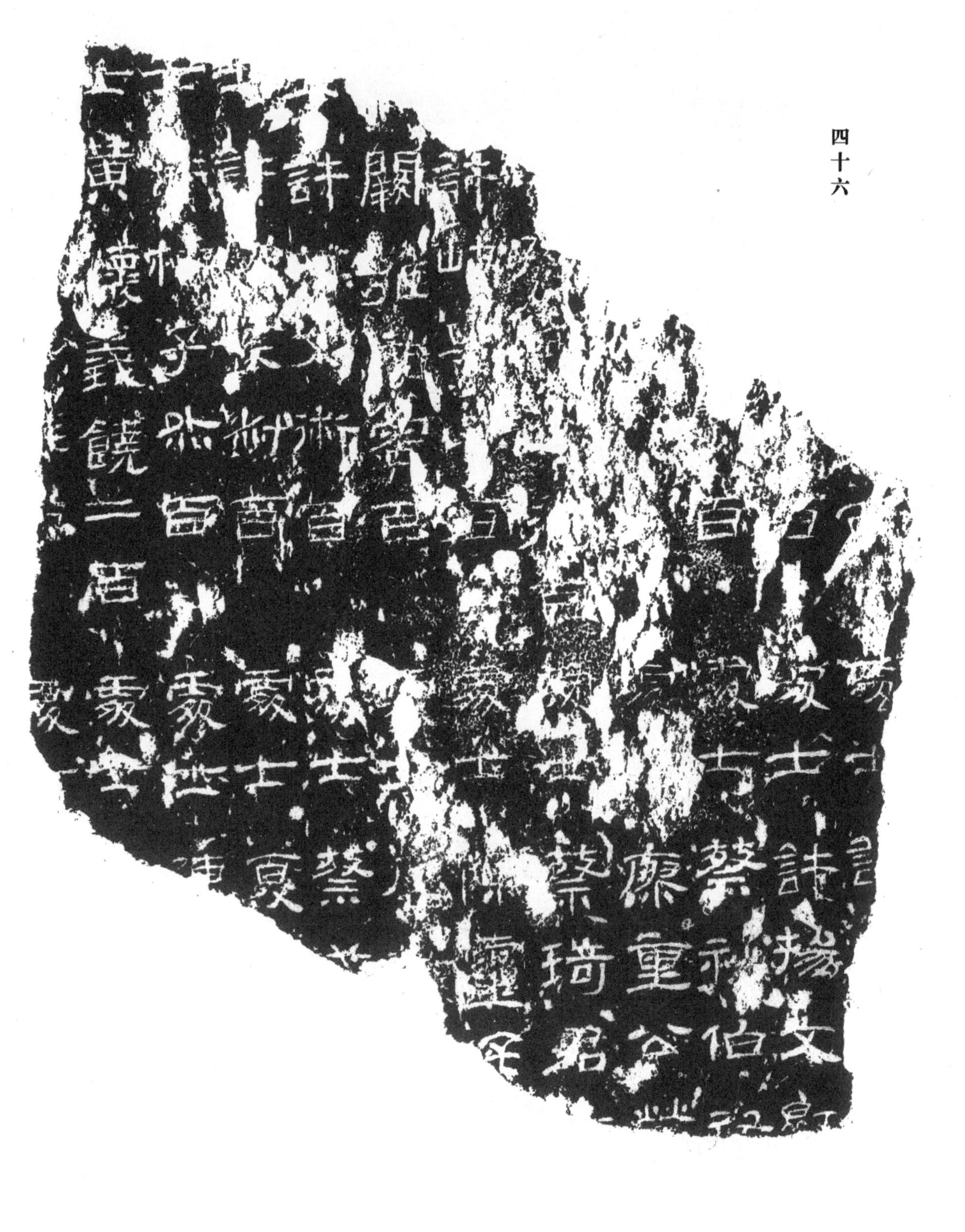

四十七

四十八

四十九

五十

五十一

五十三

五十二

五十四

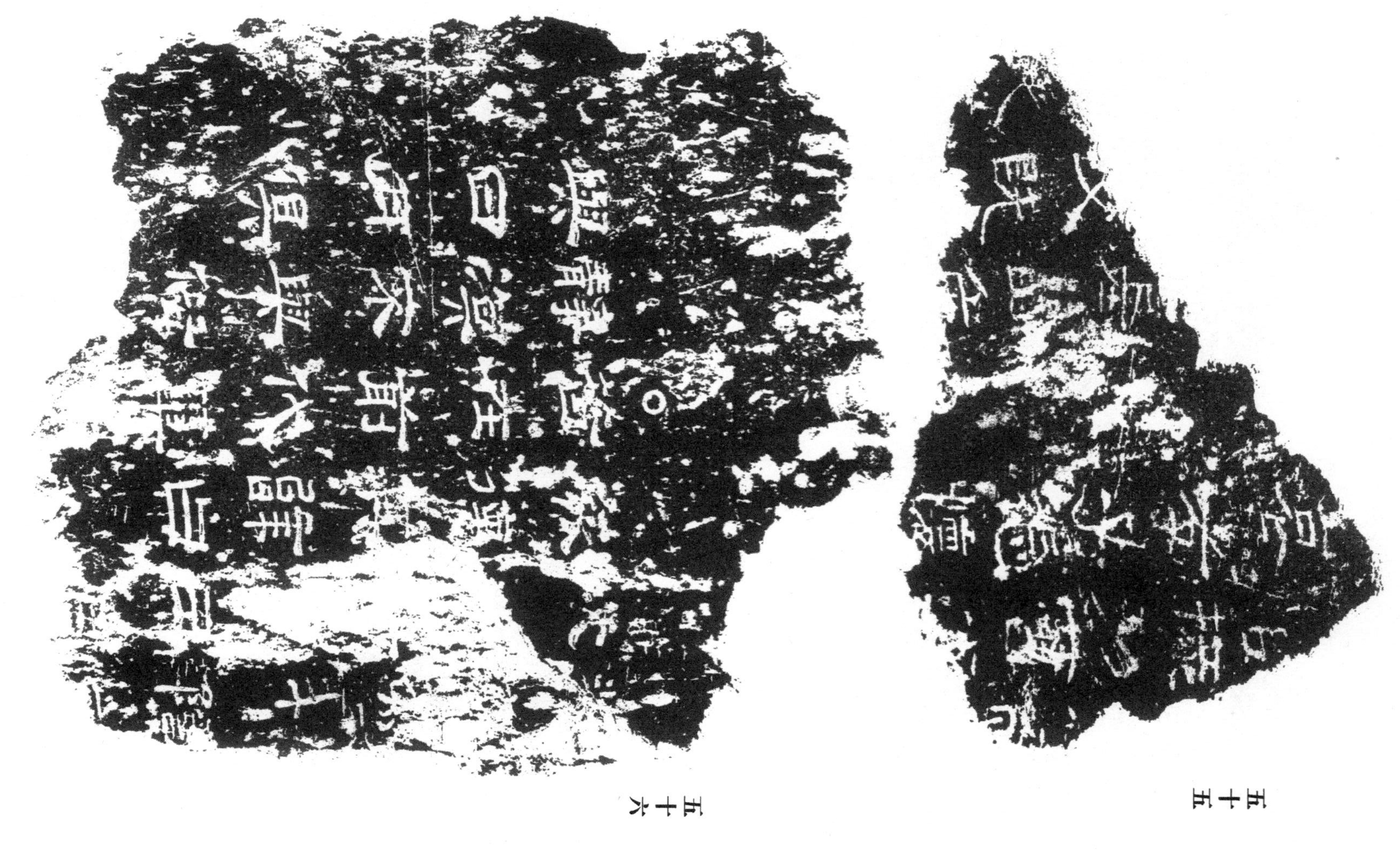

五十六

五十五

五十七

五十八

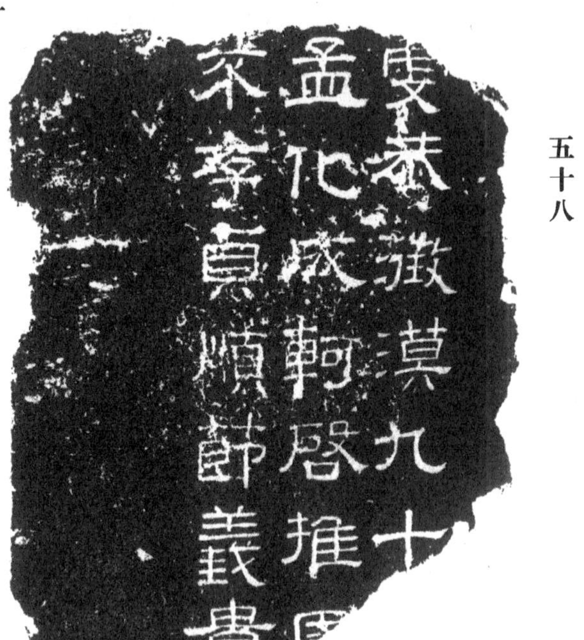

五十九

六十

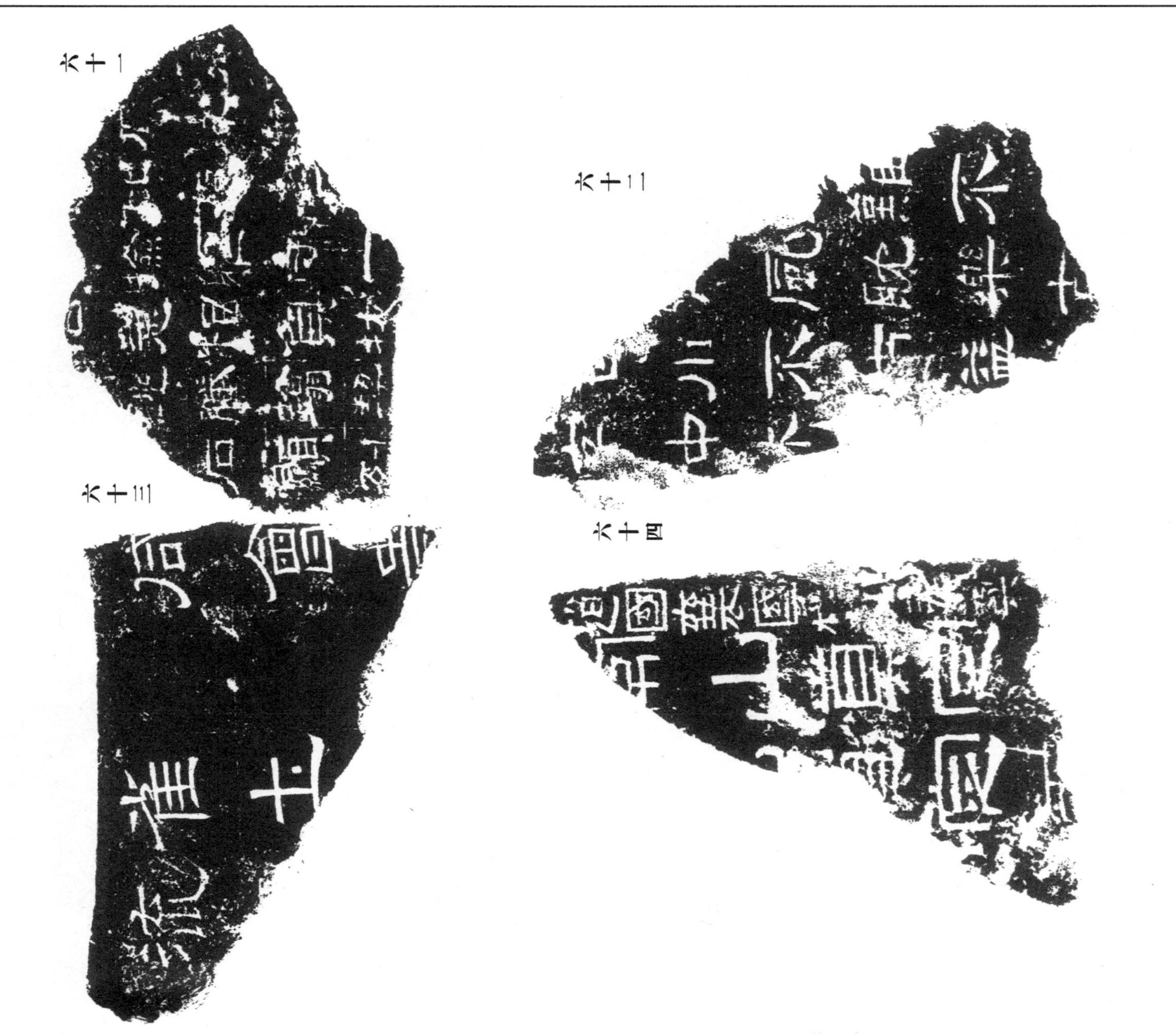
六十一
六十二
六十三
六十四

六十五

六十六

六十七

六十八

六十九

七十

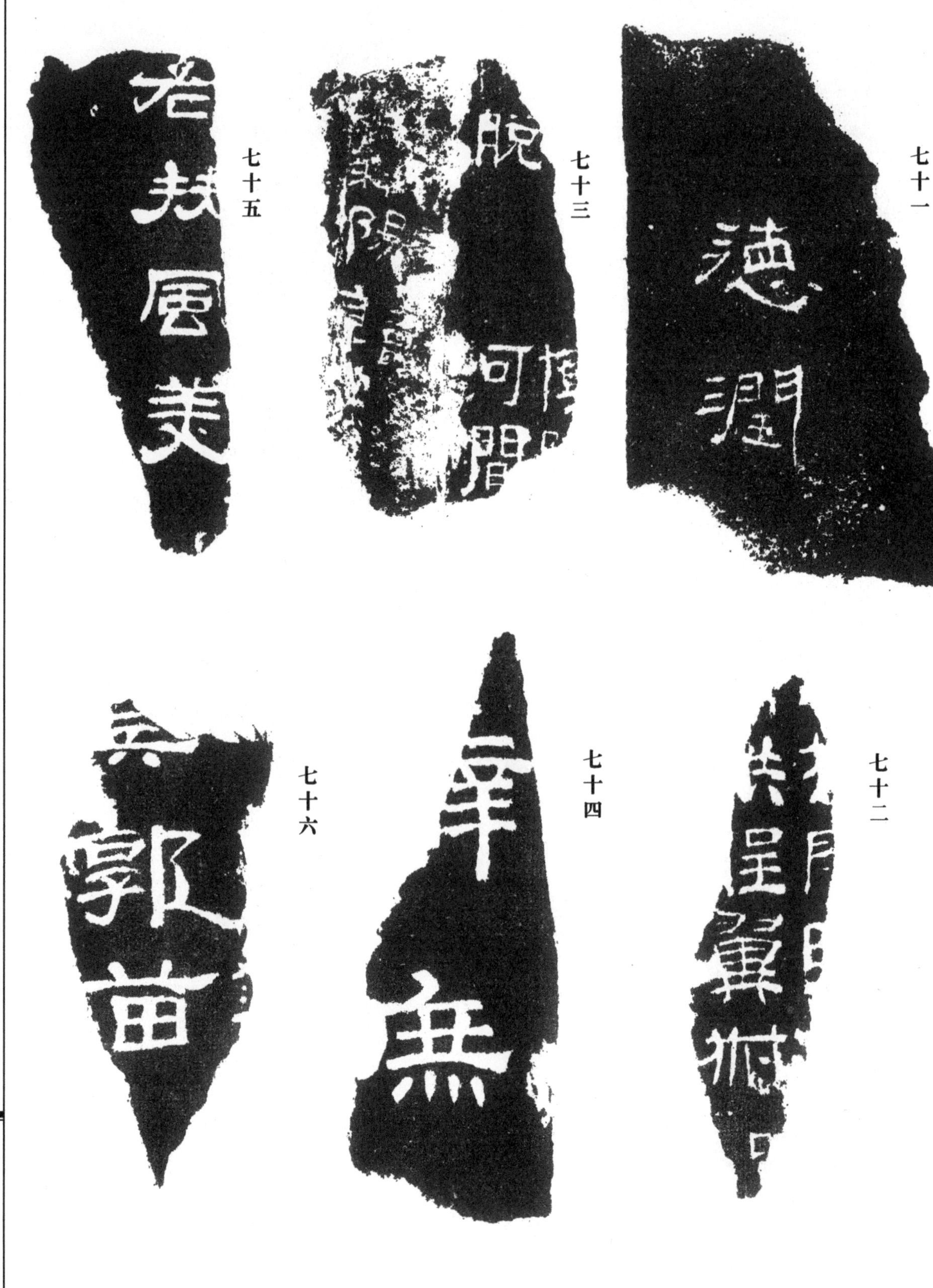

七十一

七十二

七十三

七十四

七十五

七十六

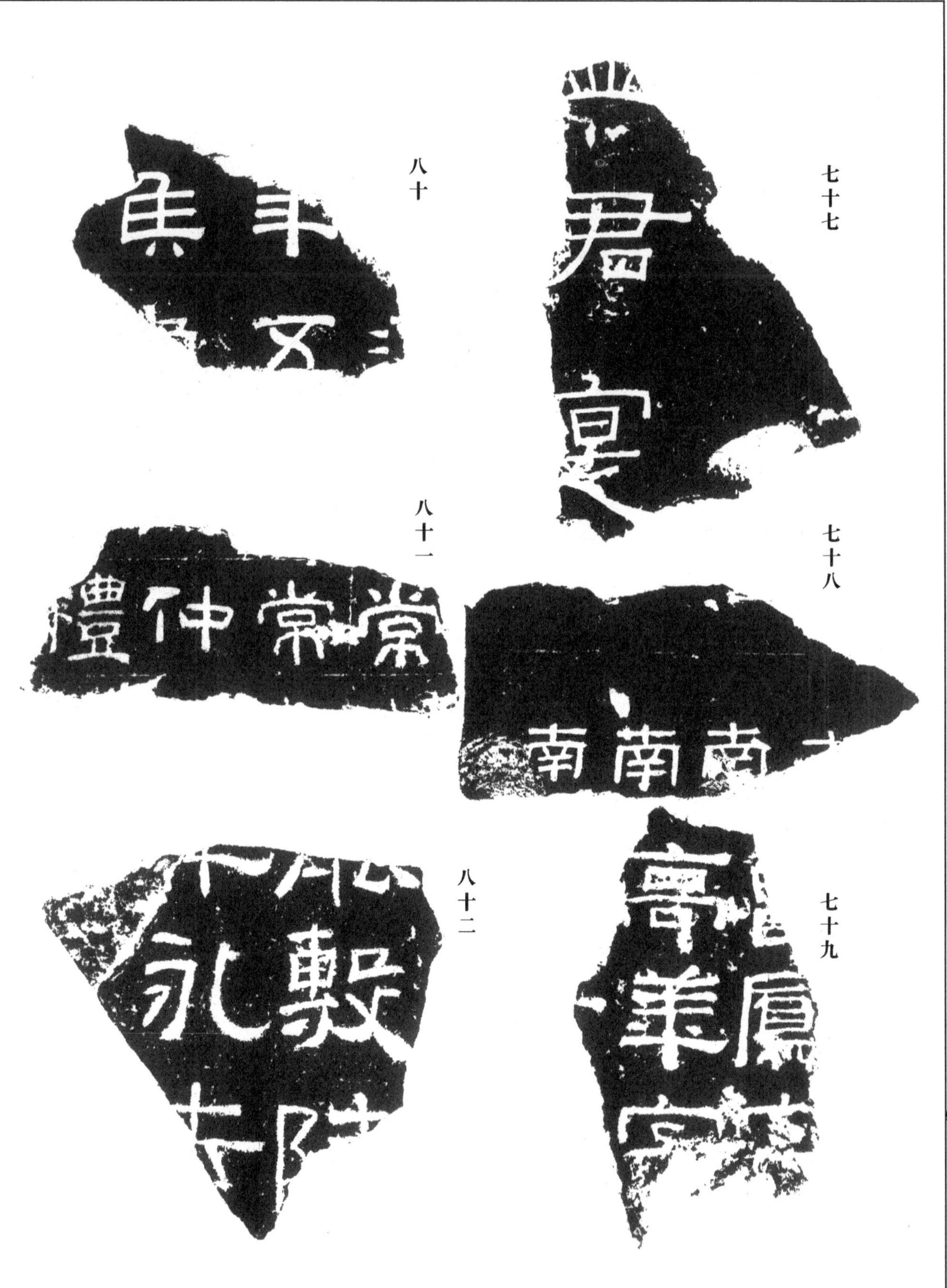

七十七

七十八

七十九

八十

八十一

八十二

八十三

八十四

八十五

八十六

八十七

八十八

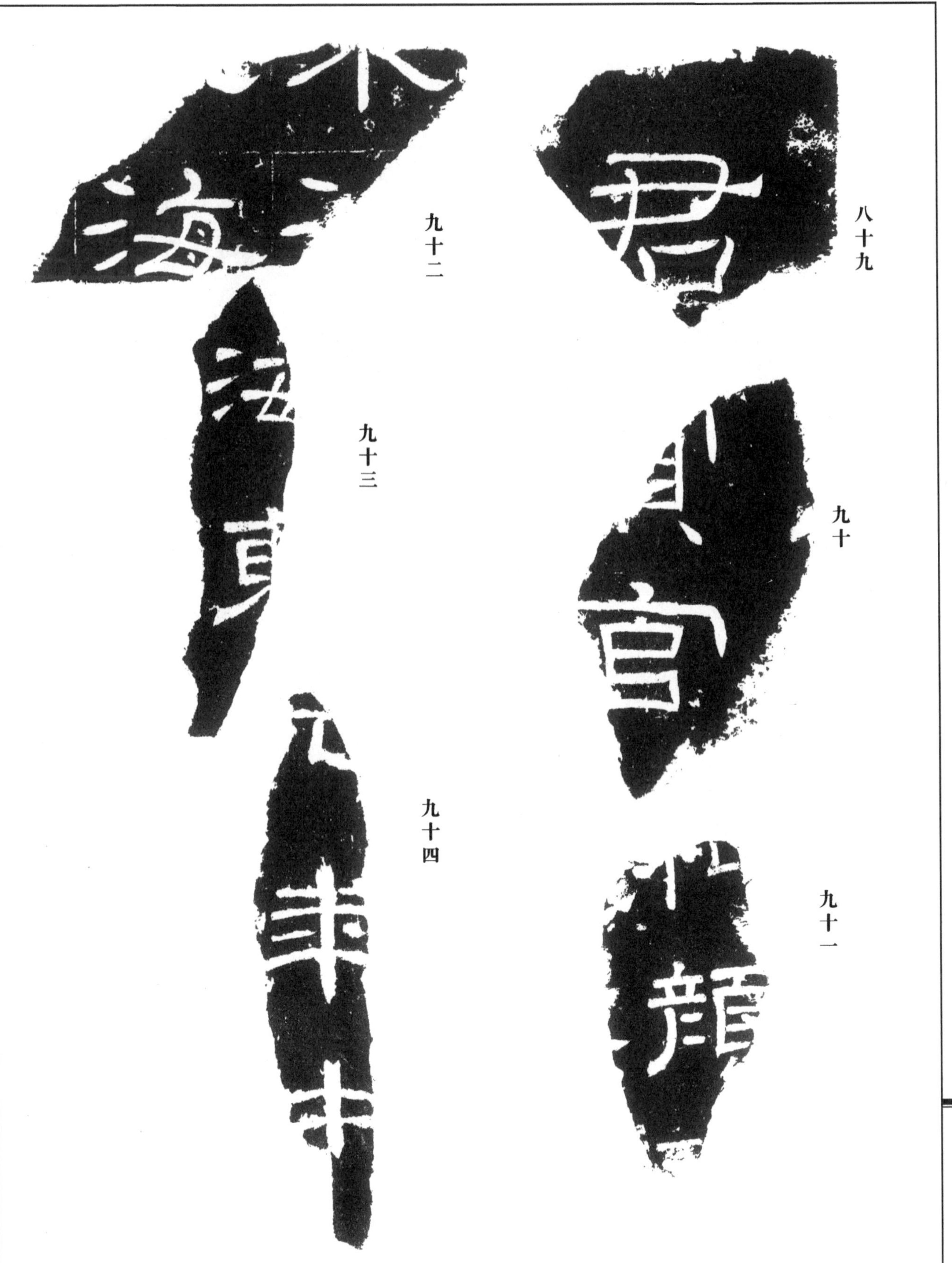
八十九
九十
九十一
九十二
九十三
九十四

九十五

九十六

九十七

九十八

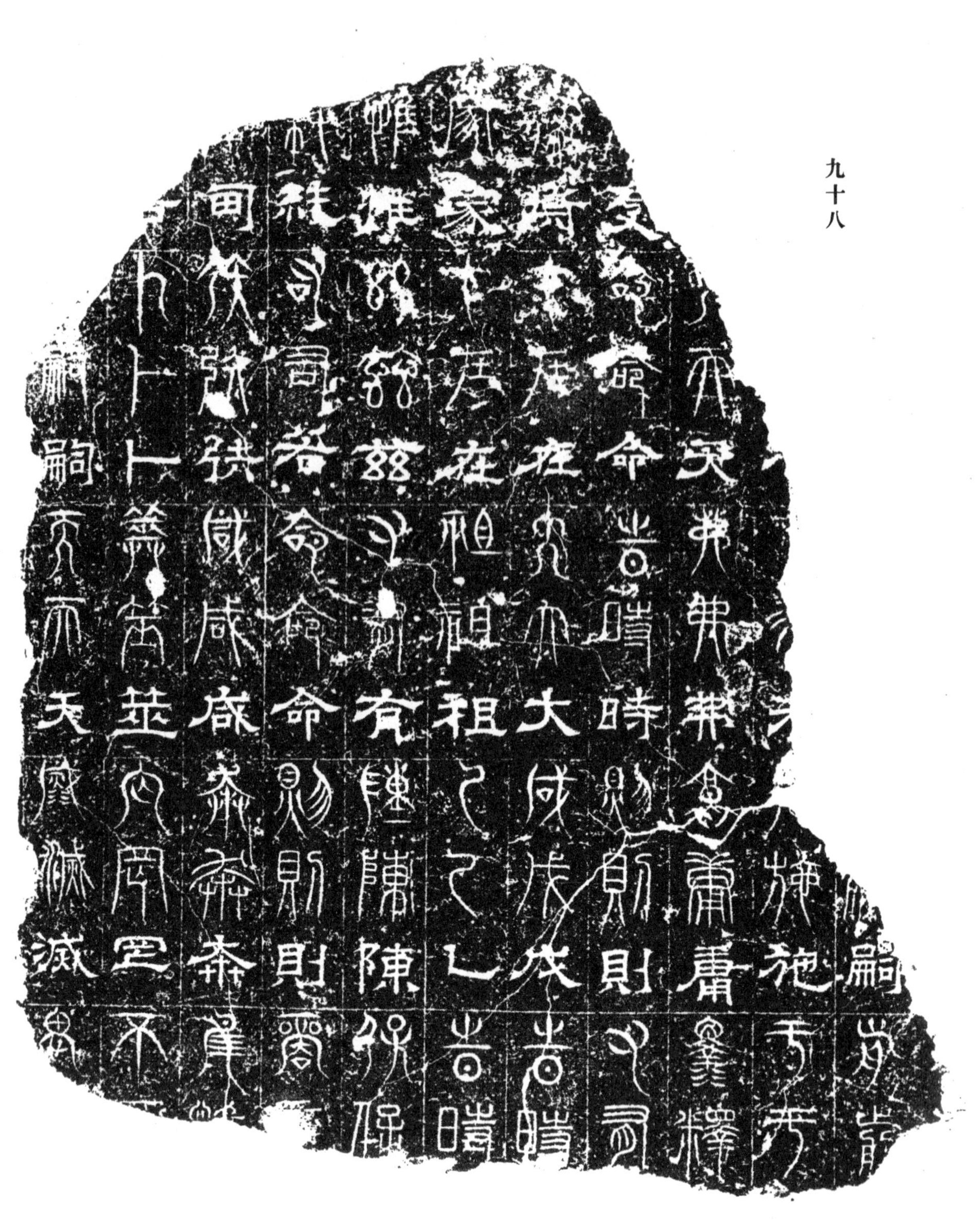

九十九

一百一

一百

一百二

一百三甲

皇甫□

李來東

山秦伯謀

李超

□仲儉

詳元衡

兵安定梁瑋桓十

郎北地梁幾叔潭

隴西趙紘士蒲

安定皇甫贊李雍

尉北地謝述祖然

代心時

三誼公達

地傅均休平

騎都尉西鄉侯京兆張靖敬仲

司馬馮翊李冀國裕

農丞北地傅信子思

茂材北地傅芬蘭石

將軍司馬安定席觀仲歷

主簿中郎天水姜北元龜

將軍□李先孟進

曹武亭侯南安龐孚山余

尉兼戰事郎中京兆韓汜德脩

司金丞扶風秦景旦大

前典農令安定王嘉公遠

民京令京兆趙審安偉

民臨涇令扶風士孫秋卿伯

民鄠令隴西李溫士恭

民北平令安定皇甫□載

州民中郎□

州民中郎北地郭

州民中郎京兆郭

州民中郎安定胡□

州民中郎隴西辛□

州民秦國長史馮翊

州民護羌長史安定

州民西部長史安定

州民下辨長天水趙

州民廣至長安定胡

州民□□長京兆郭

州民□安長京兆趙

州民玉門長京兆宋

州民小平農都尉安定

州民曲沃農都尉京兆

州民郎中扶風姜晉公

州民郎中安定皇甫隆

州民郎中馮翊王濟□雍

州民郎中京兆尹夏休和

州民郎中天水尹董樹敬

州民郎中安定胡廣宣祖

州民郎中安定梁宗初伯

州民王門候京兆郭靖身

州民騎尉督天水古成凱伯

州民雍州部從事天水梁□

州民雍州部從事安定皇甫

州民雍州部從事安定梁韻

州民雍州從事天水孫承李

州民雍州從事京兆蕭儀

州民雍州書佐安定郭□

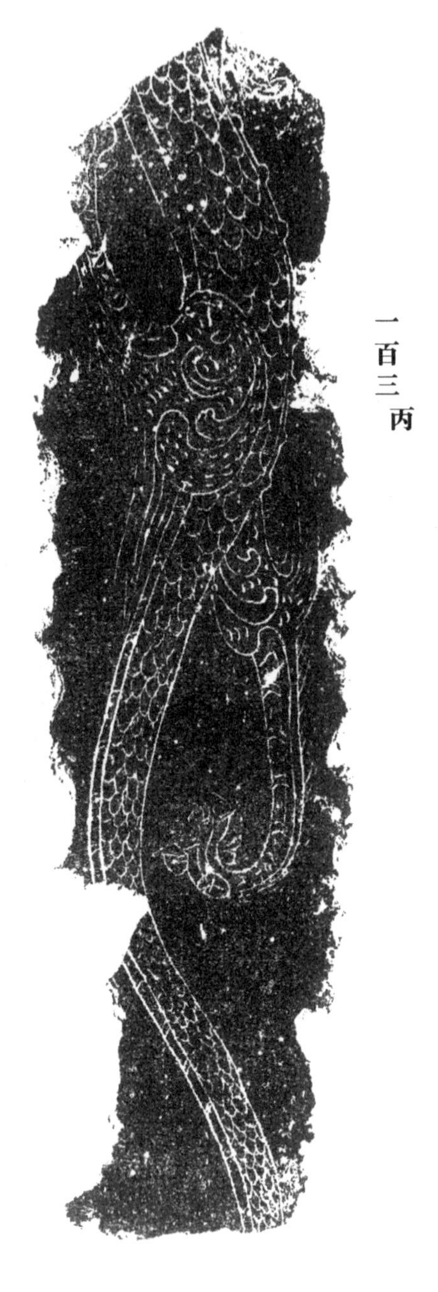

一百三丙

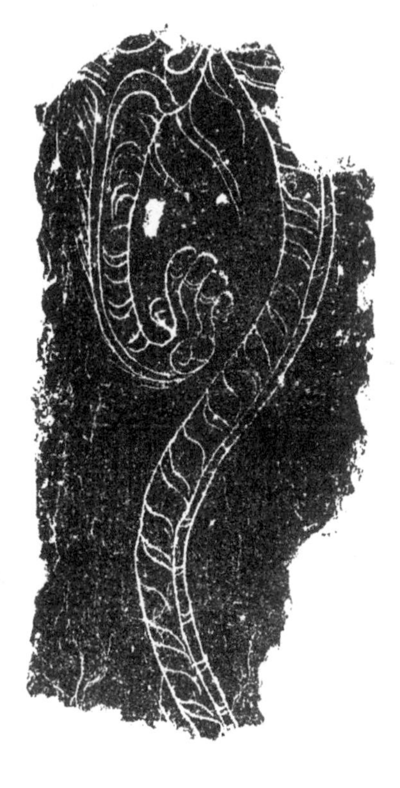

一百三丙

一百四

一百五

一百八

一百六

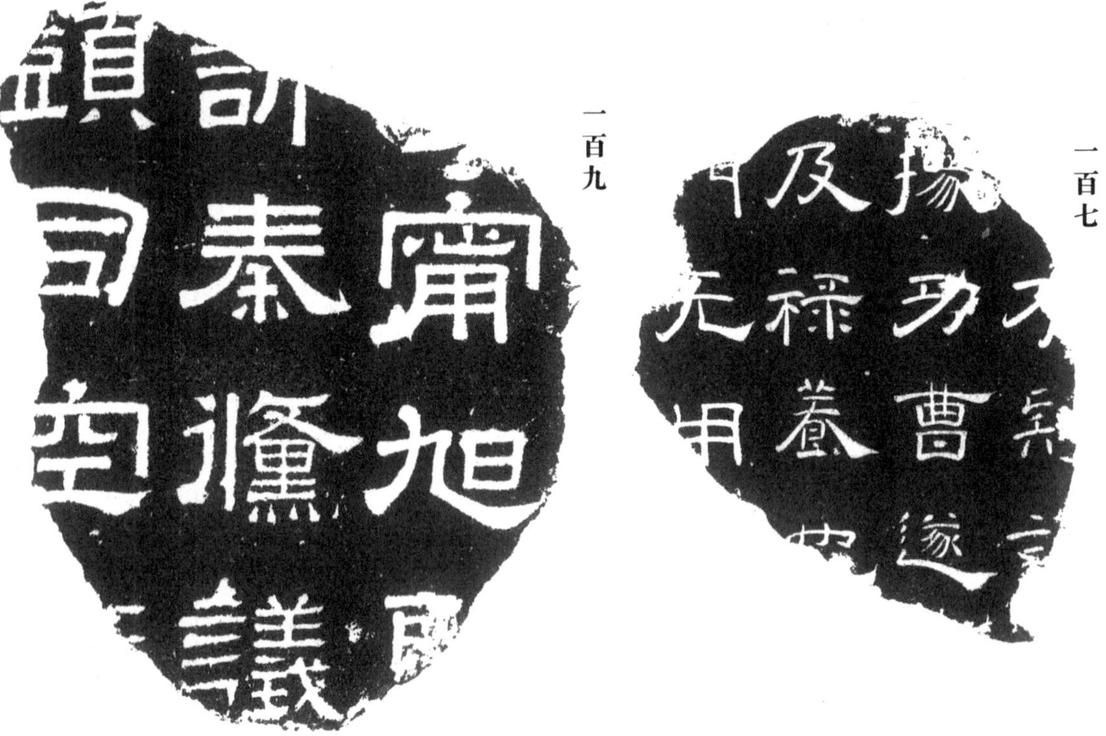

一百九

一百七

一百十

一百十二

一百十四

一百十一

一百十三

一百十五

一百十六

一百十七甲

晉故尚書征虜將軍幽州刺史城陽簡侯樂陵厭次
都鄉清明里石尠字處約侍中大尉昌安元公第二
子也明識清遠有倫理刑斷少受賜官大中大夫關
中侯除南陽王文學太子洗馬尚書三公侍郎廷尉
決獄卅餘條于時內外莫不歸當遷南陽王友廷尉
正中書侍郎時正直內省值楊駿作逆詔引尠式乾
殿在事正色使誅伐不濫拜大將軍秦王長史計勳
酬功進爵城陽鄉侯入補尚書吏部郎侯病去職遷
熒陽大守御史中丞國清定大中正侍中[illegible]屢奏吉
疾出為大司農趙王慕位左遷員外散騎常侍三王

一百十七乙

舉義惠皇帝反正拜廷尉卿除征虜將軍幽州刺史
軍事屢興於是罷武脩文城都王遣熒陽大守和演
代尠以為河南尹自表以疾權駐鄉里永嘉元年逆
賊汲桑破鄴都之後遂肆其凶暴東北其年九月五
日奄見攻圍尠親率邑族臨危守節義舊不回衆寡
不敵七日城陷薨年六十二天子嗟悼遣使者孔汏
祁霸護喪二年七月十九日祔葬于皇考墓側神道
之右大子定山子邁致命邢在庶子恭嗣刊石紀終
俾示來世

一百十七丙

夫人廣平臨水劉氏字阿容父字世顯晉故步兵校
尉關內侯
夫人琅耶陽都諸葛氏字男姉父字長茂晉故廷尉
卿平陽鄉侯

一百十七丙

長子定字庶公年卅八本國功曹察孝州辟秀才不行
小子蔥字庶昆年廿三本國功曹再察孝不行本州三
辟部濟南從事主薄
女字令脩適黃門侍郎江安侯潁川陳世範

一百十八

處士樂陵厭次都鄉清明里石定字庶公大尉昌安
元公之第三孫尚書城陽鄉侯之適子也秉心守正
志節清遠有十幹聘斷本郡功曹察孝州辟皆不就
舉秀才不行侍父鄉里永嘉元年逢賊汲桑破鄴都
之後遂肆凶暴鼓行東北其年九月五日攻圍侯侯
親率邑族臨危奮討衆寡不敵七日城陷侯覺定與
弟邁致命左右士廿八十志不遂嗚呼哀哉凡我邦
族莫不嗟慟二年七月十九日祔葬于侯墓之右[illegible]
刊石紀終傳示來世
妻沛國劉氏字貴華父字終嘏晉故大常卿

一百十九

一百二十

晉故巴郡察孝騎
都尉枳楊府君之
神道
君諱陽字世明涪
陵太守之曾孫
隆安三年歲在己
亥十月十一日五

一百二十一甲

一百二十一乙

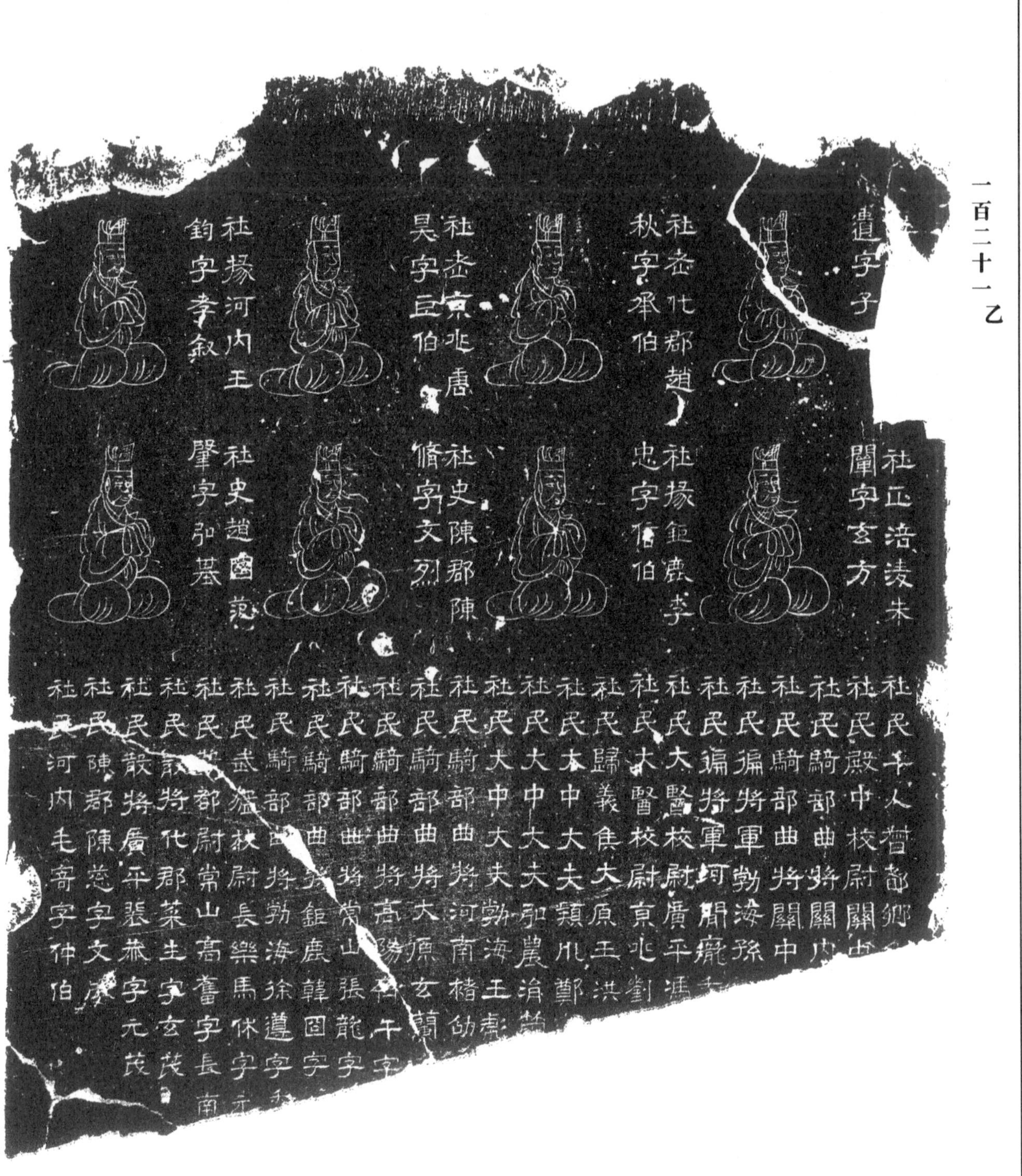

遺字子

社老代郡趙 秋字承伯

社老京兆唐 昊字巨伯

社掾河內王 鈞字孝叙

社正涪陵朱 闡字玄方

社掾鉅鹿李 忠字僖伯

社史陳郡陳 脩字文烈

社史趙國范 肇字弘基

社民千人督部鄉…

社民殿中校尉關中…

社民騎部曲將關內…

社民騎部曲將關中…

社民編將軍勃海孫…

社民編將軍河間齎…

社民大醫校尉廣平張…

社民大醫校尉京兆劉…

社民歸義侯大原王洪

社民太中大夫潁川鄭…

社民大中大夫弘農渭…

社民大中大夫勃海王彪

社民大中大夫河南楮劭

社民騎部曲將大原玄顥

社民騎部曲將高陽程午字…

社民騎部曲將常山張龍字…

社民騎部曲將鉅鹿韓固字…

社民騎部曲將勃海徐遵字…

社民武猛校尉長樂馬休字元…

社民都尉常山高奮字長南

社民郡將代郡菜生字玄茂

社民散將廣平張燕字元茂

社民陳郡陳慈字文慶

社民河內毛奇字仲伯

三國志廿八爰部

衛尉子翰 河東太守敞 大司農倩 太子右衛率

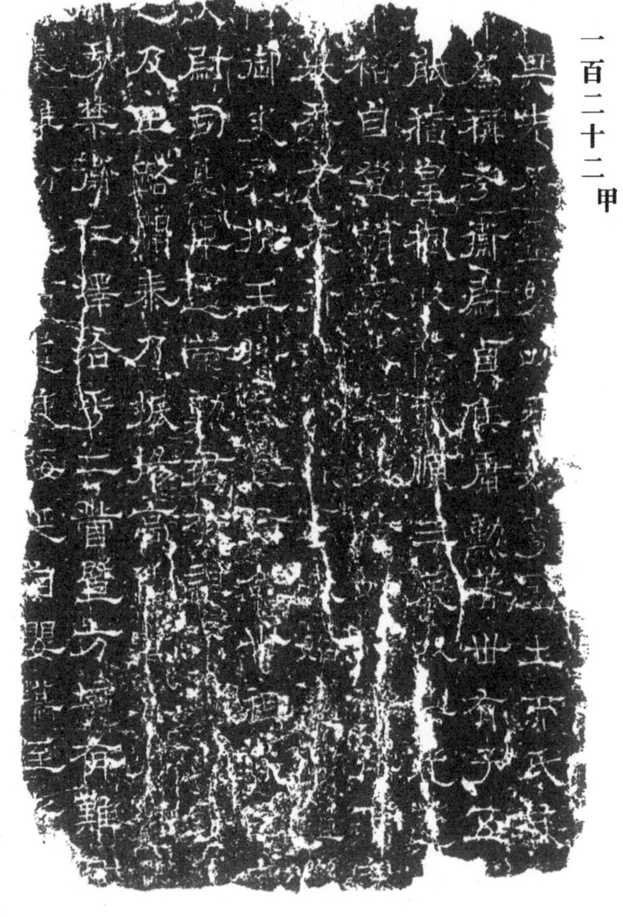

一百二十二甲

一百二十二乙

一百二十三

一百二十四

一百二十五

一百二十六甲

一百二十六乙

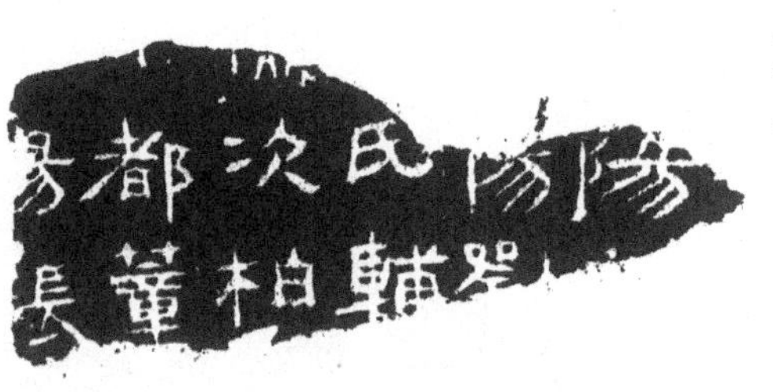

一百二十七

一百二十九

一百二十八

一百三十

一百三十一

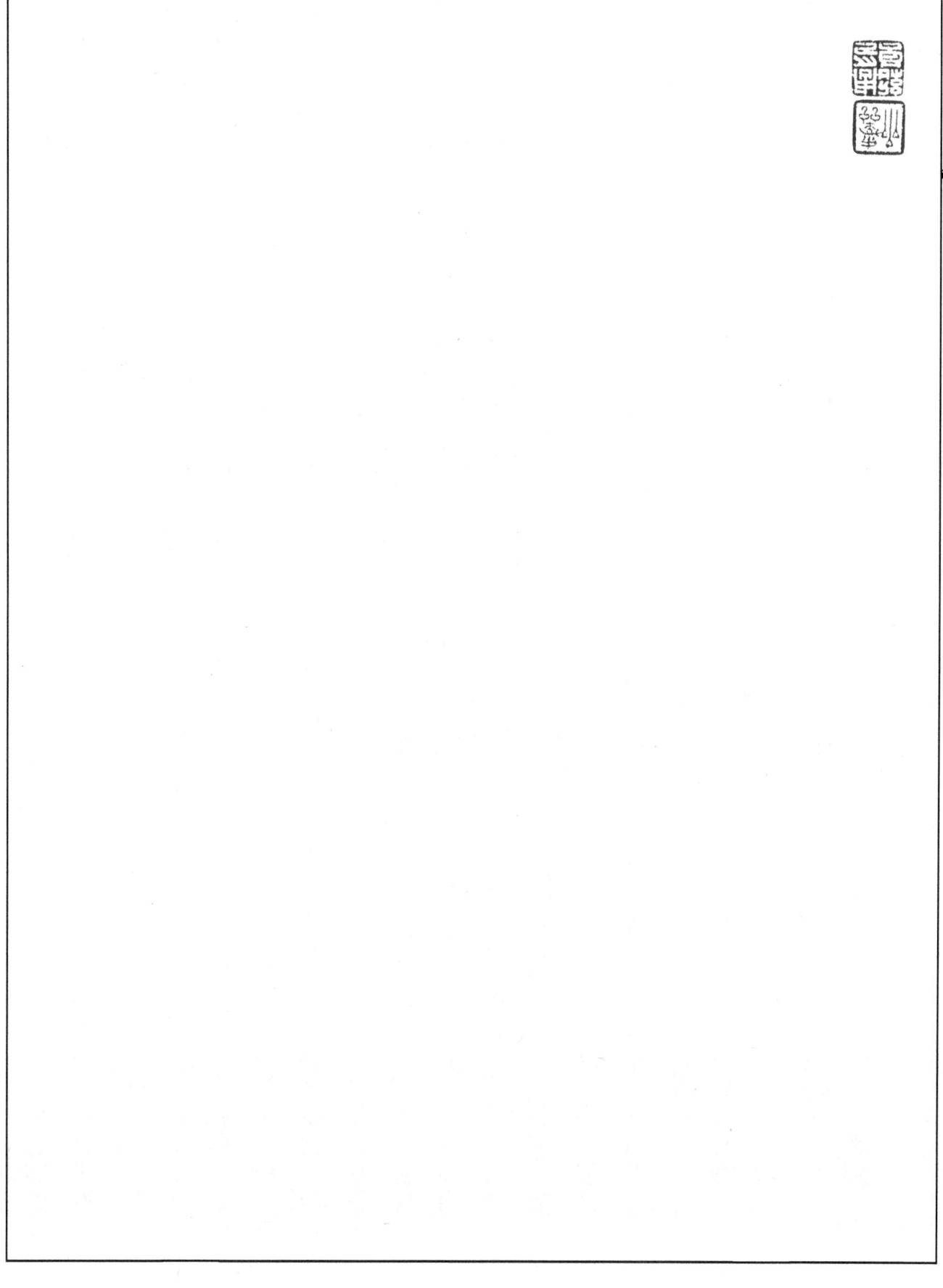

附录（一）　四叔周季木

文◇周景良

四叔名周進，又名周枏，字季木。光緒十九年（1893年）生。我父親和季木四叔年齡只差兩歲。四叔是一位金石學家，精於文物鑒定，富收藏。除三代彝器、印璽、封泥外，主要收藏漢、魏、晉三朝代的石刻。四叔自1909年即從揚州移居天津。1914年以後父親也從青島遷到天津來了，兩兄弟重聚，歡聚之情，可以想象。加之，兩人都愛好古文物，都具有高度的鑒賞水平，所以互相題贈等事就很多了。四叔又長於書法，常見他的題字，寥寥數字，便極古樸精妙之至。他的字，我過去看到的很多：或題在一張拓片上

周季木題汪叔民印譜

送給我父親，或題在碑帖册上送給我父親，有時還偶然地在一本印刷的碑帖上的題字。這次在書箱中見到他的手迹不少。例如，在這裏見到在一本《汪叔民印存》（汪叔民所刻的印章打印成册）上有季木四叔題了占兩頁長長的一段話，亦頗生動：

汪先生畫人也，世所共知；亦印人也，則鮮有知者。今觀册内各印，皆臻極妙，已開趙撝叔一派之先聲。後徐金罍雖亦刻此派印，其精勁工穩則不逮先生遠矣。三哥得此譜於韓估左泉，余假閲數十日，遂不歸還，而爲我案頭物矣。

丁巳六月晦，午後欲雨，涼風徐來，欣然題此。

季木識於晉盦

這裏活脱勾劃出一幅有趣的情景。哥哥有一本印譜，弟弟借來看，覺得好，便決定據爲己有，不再歸還，而且還得意地在夏日午後清風徐來之際寫下『爲我案頭物矣』。兄弟融融之樂，現於紙上。

既爲四叔所據有，怎麽又到我父親這裏來了呢？1914 年父親從青島遷到天津，兩兄弟聚會了。到 1928 年，四叔遷居北京，或四叔來天津，或我父親去北京，來往仍很密切。直至 1937 年十月季木四叔因病去世，父親到北京爲他料理後事。我猜想，父親爲了有利於保存，取回一些有紀念意義的東西，如季木四叔的一些手稿等，《汪叔民印存》當在其中。

上面《汪叔民印存》是近人刻印。古代（先秦、漢、魏、晉）璽印也是父親和四叔的同好之一。兩人時相觀摩、討論。（但四叔在世時，父親還没有開始大量收集古璽印。）而書箱中的一本，《蘭根草舍印存》，也記録了兩人在這方面的心靈交流。

《蘭根草舍印存》，是一本拓印一批所收集的古印的册子。封面有兩篇題字，前一篇没有署名。但

蘭根草舍印存

丁巳除夕前二日　三哥所見贈益滄州王國均所藏印譜也雖無甚佳品然如寧朔汝南兩將軍印軍中司空印廩丘長印穣陽左尉廣平右尉等印皆不常見者蠹蝕及百餘而無一殘缺雖少亦可珍也　戊午人日記　汝南是安南之誤

頃收一至凡四冊官私印凡增百餘方官印中如輔漢將軍章新甫侯印章楚圍左尉胡騎校尉俞元丞印皆致佳者編次校此本為善然列俞元丞印於石刻閑章中殊可笑也俞元丞印軍中司空近為余收得惜季弟不及見之庚辰八月雙翁記

周季木《蘭根草舍印存》題識

從字體、從内容看都確是季木四叔題的：

丁巳（民國六年，1917年）除夕前二日，三哥以此册見贈，蓋滄州王國均所藏印譜也。雖無甚佳品，然如寧朔汝南兩將軍印、軍中司空、廪丘長印、横陽左尉、廣平右尉等印皆不常見者。纔及百餘而無一殘缺，雖少，亦可珍也。

戊午（民國七年，1918年）人日記

汝南是安南之誤

同樣在封面上，距此題記二十二年之後，我父親也題了一些字：『頃收一本，凡四册。官私印凡增百餘方。官印中如輔漢將軍章、新甫侯印章、禁圃左尉、胡騎校尉、俞元丞印皆致佳者。編次校（較）此本爲善。然列俞元丞印於石刻閑章中，殊可笑也。俞元丞印、軍中司空近爲余收得。惜季弟不及見之。庚辰（民國二十九年，1940年）八月彊翁記。』

這顯然也是四叔去世後取回的。題字時，季木四叔去世已三年，我父親已開始收集古璽印，對古璽印興趣較以前更高了。收得好印，只可惜不能與弟弟一起觀賞了。在父親題記中提到『頃收一本，凡四册』是指買到另一部《蘭根草舍印存》。不是有題字的這本一册一部的，而是一部共四册，而這部也在這批書箱裏。

書箱中發現另一件四叔的紀念物——一本裱有秦代瓦量拓片的册頁。是民國七年戊午（民國七年，1918）贈給我父親的。上有四叔精好的題字，還蓋上一些刻得很好的圖章。其中有一頁爲他收藏的秦瓦量範的拓片。秦始皇統一天下的度、量、衡，在標準度、量、衡器上刻或鑄上詔書。量，是容器。瓦量，是陶制的標準量器。範，是模子，是製造量器用的模子。這秦瓦量範是稀有的文物。所以他在這張拓片上又題字如下：

丙辰（民國五年，1916 年）冬莫（暮），得之津估孫姓市中。從前金石家所未見。兼前所得石鈞權，皆宇内僅有之物。濰水陳壽卿家藏秦器最夥，未聞有此範也。

戊午（民國七年，1918 年）冬莫（暮）拓呈三哥大人鑒定

弟進奉贈

但是在後面一頁又有父親距這題記十九年以後的題字。那是在民國二十六年丁丑（1937 年）四叔去世不久後題的了：

秦瓦量影五十頁，四弟用六吉棉連精拓以貽馀者。世間恐無第二本。惜付劣工裝池，致多損毁，見之令人心恶，遂閣置不復省覽。頃因檢點四弟手迹，乃搜尋及之。朱記宛然，墨痕黯淡。繙帋一過，不禁凄愴久之。時去四弟之歿僅六十五日耳。

丁丑十二月初六日　弢翁

上面四叔的題字説明了他得到這古物的珍稀之處，并贈這拓片給我父親。而我父親的這幅題字包含了三點：（一）四叔送給他的這拓片本身就是精品，『世間恐無第二本』——『紙用六吉棉連』，四叔藏品的拓片好像都是用這種紙。我見過很多，這是一種非常白、非常薄而細的一種紙，現在已見不到這種紙了，很大的碑如小子碑、曹真碑的拓片也都用這種紙『精拓』。亡兄珏良告訴過我，當年爲四叔拓碑的是馬子雲，那是有名的好拓工。他 1919 年入北京琉璃廠慶雲堂，1947 年受聘到北京故宫博物院傳

拓銅器、碑帖，并從事金石研究鑒定，直至退休。曾任故宫博物院研究館員、國家文物鑒定委員會委員。據2004年8月8日天津《今晚報》載，1973年，天津市武清縣蘭城村出土了漢鮮于璜碑，天津市文化局就特請馬子雲老先生專程來津手拓漢鮮于璜碑的，足見他在這領域的權威。所以四叔的這些拓片自然是精拓了。（二）因爲裝裱壞了，看了令人恶心，就放在一旁不再看。拓片的裝裱最難。因爲拓印時是把潮濕的紙壓進碑石或器物的凸出或凹進的地方，利用其凸出或凹進，拓上墨而形成了拓片。工作中，紙必然在凸出的兩旁或凹進的低處皺在一起，如果在裝裱時不注意，折皺的紙哪怕稍微拉平，字劃就變了形。如今雖然流行書法藝術，到處有人裝裱，但恐怕注意做好這點的不多，即使是有名的大裱畫店這方面也不敢保其可靠。（三）從題記上看（『頃因檢點四弟手迹』），四叔去世後，父親確實在整理、收集四叔的遺墨等等，看到四叔的手迹，『不禁凄愴久之』。睹物思人，倍加傷感。在書箱中，還有幾本四叔的手稿，如《秦石軒藏漢晉刻石目録》《季穆藏石記》《居貞閣所藏漢晉石影釋文》《吴軒古刻善本録》等。

書箱中有1929年四叔印行的《居貞草堂漢晉石景》。那是一部全面介紹四叔藏石的圖録，每石既有説明又有圖。圖印得不精，是帶圖的目録性質的刊物。關於四叔藏石的拓本也有一些，如《魏石經室所藏泰漢以來刻石拓本集》等。

我十多歲時所注意、關心的是幾個大碑。如《小子碑》，欣賞其字體之美，自己也曾臨習。另外我最感興趣的是曹魏的《大將軍曹真碑》。曹真是大人物，《三國演義》中都描寫到他。我感興趣的是，碑文中有多處對諸葛亮的蔑稱，有『蜀賊諸葛亮』『妖道公』等等，不止一處。看來，京劇中諸葛亮穿八卦道袍不是全無根據的了。而有一時期的京劇竟把八卦袍改革掉。可惜的是出土後，被人把這些字鑿掉了，只留些痕迹。看來《三國演義》的影響太深了。有少數初拓本還完整地保留了這些字，曾被印製成字帖。

秦瓦量影五十葉四弟用六吉棉連精拓以貽余者世間恐無第二本惜付劣工裝池致多損毀見之令人心惡遂閣置不復省覽頃因檢點四弟手迹乃搜尋及之朱記宛然墨痕黯淡繙帋一過不禁悽愴久之時去四弟之歿僅六十五日耳丁丑十二月初六日弢翁

周叔弢題秦瓦量拓片

秦瓦量影

戊午六仲拓呈

三哥大人鑑定

弟進奉贈

瓦量拓本四十九葉 内有畫文者兩葉

瓦量詺文范拓本一葉

秦瓦量拓片 一

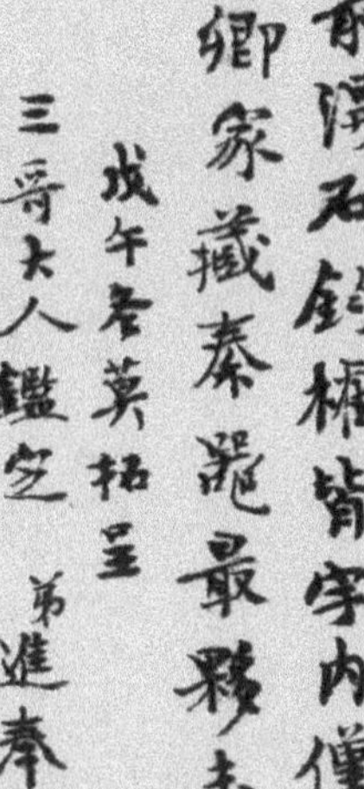

丙辰冬英潯之津估孫姓市中從前金石家所未見朱前潯石鈞權皆字內僅有之物濰水陳壽卿家藏秦詔最夥未聞有此范也

戊午冬英拓呈

三哥大人鑒定　弟進奉贈

秦瓦量拓片－2

朝侯之小子

也能履彔學

兼游夏服勤

周季木临《小子碑》局部

一般推崇四叔書法多推崇他的篆隸，尤其是隸書。自清乾隆、嘉慶時鄧石如爲篆書、隸書的書寫開闢了新局面，人説『起八代之衰』是有一定道理的。但鄧石如的篆隸有時有些俗。而四叔寫的篆隸則古樸雅致，無絲毫俗氣。二兄珏良文章中有一段對鄧石如和季木叔的書法作詳細對比、分析的文字（香港《收藏家》，1993年第二期，1993年12月出版）。四叔篆隸雖然寫得好，但我覺得他的行楷也頗有不可及之處。如上述題《汪叔民印譜》即是。看似隨意，而處處古拙之風出於天然。季木四叔題字雖然多，但大篇、大幅的卻很少。民國十九年（1930年）他臨寫了一幅漢朝的《小子碑》，是隸書（小子碑石是他收藏的重寶之一）。那是一整幅字。我見到的只是石印件，也是一整張。没有上款，只題有：『庚午秋中周進臨《朝侯小子碑》』。我印象中，這是寫給堂叔周志輔的。而志輔叔又印了石印本。因爲，我十一二歲時向父親説我想要一份那石印本時，父親即命家裏僕人到堂叔志輔家去要來一份。

在季木叔去世之後，父親（可能還有四叔的女婿、我表兄孫師白）用珂羅版印行了四叔所臨《漢甘陵相碑》。封面由父親好友勞篤文題簽：『周季木遺墨』。不是整張，是一頁一頁的。題：『丙子（民國二十五年，1936年）仲冬下旬五日，略參《禮器碑》筆法，臨第三本。老木。』這是他在逝世前一年臨寫的。這第三本已贈送給朋友苗煥亭先生了。而第二本仍在家中，也臨寫得很好。當時經過比較，覺得第三本發揮新意更多，遂向苗氏借回拍照、影印。四叔去世時我才九歲，不了解這樣多的情況，是後來聽説的。

這次和在天津的已九十歲的三哥艮良談起此事，他也記得當時比較第二本和第三本的事。這次非常高興的是，在書箱中翻到了那第二本。已裱成一個卷子。在末尾，四叔題：『丙子仲冬十五日燈下，季木臨第二本。』而在這末頁紙邊緣，有一行小字：『戊寅六月下旬敬裝卷寶藏。女 琬 甥 潯 恭志』『女 琬』和『甥 潯』兩行并排寫。琬良是四叔的長女，孫潯表兄是四叔的外甥和大女婿。卷末還有堂兄周伯鼎（震良）寫的一篇跋。伯鼎大兄上世紀二三十年代曾住天津，和我家比鄰而居多年，和我父親叔侄關係甚洽。

他是交通大學電機系畢業，解放後任山東工學院教授，卻酷愛書法，用功極勤。在天津時，和我父親以及父親好友勞篤文時相討論。以後每次來天津住我家中，必朝夕和父親談論書法、文物。他一生追求『二王』書法，時對用筆加以科學分析。例如，他認爲後人學六朝、隋唐用筆吃力，是和古今毛筆的結構不同有一定關係。果然，用他所設計出的毛筆臨寫敦煌的六朝、隋唐卷子，其筆劃就很容易寫出。他晚年專研《淳化閣帖》，認爲追求二王真意只有從《淳化閣帖》中探索才能得到。一些懂書法的家裏人如二兄珏良等，在背後笑他『走火入魔』。自然，這只是覺得從欣賞角度説他有點太鑽牛角尖了。對於他的研究書法之深、用筆能力之强，大家是一致欽服的。他所寫的這篇跋語可能是他狀態發揮得比較好的情況了。應該説，無論是臨《小子碑》，還是臨《甘陵相碑》，四叔都不是照樣死描，都是有所發揮、有所改變的。如果把原碑帖的字拿來對比，并不很像。臨《甘陵相碑》第二本其實也很好。所謂第三本好，是指發揮、創造更成熟、形成一定風格。

我不及細翻閱，據目録，書箱中有兩部題爲『季木藏印』的拓印的古璽印譜。一函四册，另一函六册。看來是兩種不同的版本，而從網上拍賣目録也看到《季木藏印》有四册和六册兩種之别。此外還有一部《魏石經室古璽印景》，這是鈐印本。過去印譜大多是鈐印的，鈐印許多部。印刷在當時反而花錢多而費事。自然，印刷的不及鈐印的好。書箱中還有民國八年拓印的周季木『集』的《抱樸齋古印譜》。收藏古璽印，也是四叔收藏的一個重要方面。

關於四叔收藏古璽印，我説不出什麽。我只談一點，即是他的藏印中最好、最美的要數『君侯之璽』。這印我見到過，印文精美絶倫，放在一個小錦盒中。盒蓋内面的白色絲綢上，有四叔以他那古樸精絶的近乎北魏體小楷寫的『君侯之璽』四字，下麵是否還有題名等就記不清了。只是那精絶的『君侯之璽』四字，給我的印象太深了。至五、六十年之後的今日，我仍能説出哪筆長、哪筆短，以及大致的結體、姿態。這印現在也收藏在天津藝術博物館。這次我來天津，還去了一次藝術博物館。它就展在大廳裏，

以屢獲豐穩之
應田疇有讓畔
之萌商旅有不
爭之民換甘陵

丙子仲冬十五日燈下
季木臨第二本

周季木臨《甘陵相碑》第二本

畔之萌商旅有
不争之民换甘
陵

周季木臨《甘陵相碑》第三本

可惜展覽佈置得不好。一是這一方印被按常規擺放着，因此印文朝下，參觀者看不見那精美絕倫的印文。若是側放，則印文、印紐都可看清楚。二是錦盒子沒有展出。布展者可能想，盒子沒有必要展出。一般説來這是當然的。然而，周季木的書法本身就是極高的藝術品，他又是藏家，如果一并展出，則相得益彰，倍增光彩。附帶説一句，四叔收藏，雖不以古璽印爲主，但至今網上拍賣仍有四册本和六册本《季木藏印》出現。1989年上海書店還印行了《魏石經室古璽印景》。看來，他這方面的收藏也仍爲世所重。

石刻是季木四叔集一生精力的地方，他這方面的收藏有突出的地位和特點。解放後，我父親率四叔子女將全部藏石捐贈國家，現收藏在故宫博物院。解放初期，太和殿被全部撤去原有的陳設，改作『偉大祖國的藝術』展覽。四叔收藏的《小子碑》就立在中間顯要的位置。關於他的藏石，這裏不能詳談，可參考《居貞草堂漢晉石景》柯燕舲先生所寫的序及季木四叔的自序。另外，二兄珏良寫有《收藏家周季木先生》，

周伯鼎跋周季木《臨甘陵相碑》第二本

刊載在香港《收藏家》，1993年第二期，1993年12月出版。在寫此文的過程中，又見到堂侄啟晉所寫《五世書香（三）——今覺庵與居貞草堂》，文中談四叔收藏亦頗詳（《藏書家》第15輯，齊魯書社，2009年1月，15—21頁）。據四叔在《居貞草堂漢晉石景》自序中說，漢晉刻石世上現存不及七百，其十之八九已爲各地地方保存起來，私人所藏不過八十多。私人收藏中，以端方爲最富，號稱近千石，而其中漢晉石不過二十有六。而季木叔寫此序時（己巳三月，是在1929年）已得漢晉石一百四十餘石。此後直至季木叔去世爲止之八年間所得，尚未計入。據柯燕舲先生序言說，端方所藏漢晉石刻中之精品如食齋祠園刻石、楊叔恭殘碑、議郎殘碑、封墓刻石、西鄉侯兄殘碑、曹真殘碑、楊陽神道碑等，都已歸季木叔處；而由季木叔所發現、鑒定、收藏的精品又有魏皇女殘碑、魏石經殘石、晉石尠及石定墓誌、晉當利里社殘碑等。所以，以私人收藏漢晉石刻而言，季木叔的收藏可謂空前絕後了。

季木四叔身後留下的，除漢、魏、晉刻石外，還有陶片數千片，也是很可觀的。這批陶片由我父親和孫師白表兄捐贈給北京大學了。當時是北京大學五十周年校慶，1948年12月。北京大學慶祝五十周年，印了幾本小冊子：《北京大學五十周年紀念特刊》《文科研究所展覽概要》《博物館展覽概略・中國漆

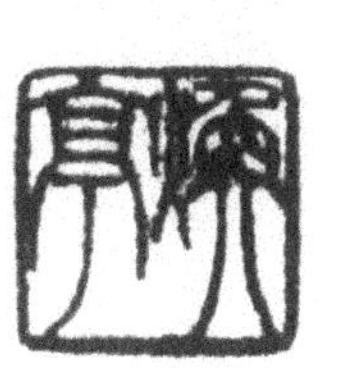

周季木臨《甘陵相碑》第三本局部・印章

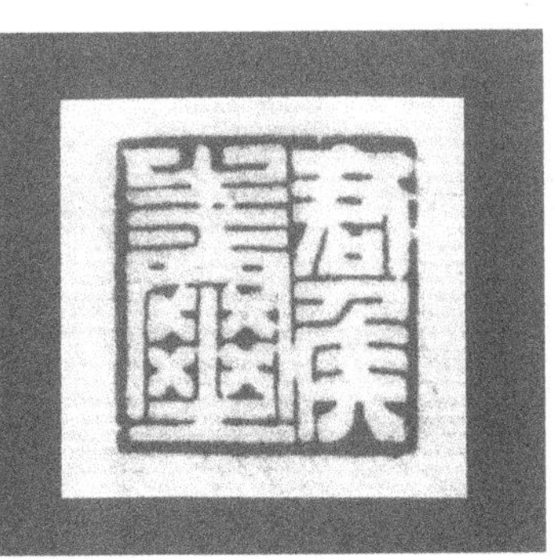

君侯之璽

器展覽概略》《法政經濟紀録室概況・社會主義及蘇聯文獻展覽説明・法律圖書室藏書概況》《古銅兵器展覽會》。實際上，那是在解放北平時的圍城中。在上述的《紀念特刊》中第一篇文章是胡適的題爲《北京大學五十周年》的文章。巧的是，文章所署的日期爲『卅七（即 1948 年），十二，十三。』，正是這一天解放軍在清華大學北面打響了炮，發起了圍攻北平的戰鬥。在《文科研究所展覽概要》中有『周季木先生藏陶紀念室』一項。現把那段全文逐録下：

（一）周季木先生藏陶紀念室

古陶文字自清末發見後，唯陳簠齋所藏爲最多；其次爲建德周進（字季木）先生。周氏於金石收藏最富，選擇最精。除《居貞草堂漢晉石景》及《季木藏印》外，著有《季木藏匋》一書。陳藏今已散佚，周藏全部今由孫師白、周叔弢兩先生捐贈本所以紀念季木先生。計殘瓦量六十餘片，陶片二千餘片。兹定於本校五十周年紀念日開幕。

書箱中有一部《季木藏匋》，署『周進考藏』，民國二十三年影印本。我所知道的是另一種同樣命名《季木藏匋》的本子。那是在季木四叔逝世以後，在 1943 年表兄孫師白、孫師匡爲紀念四叔而印行的。印得很講究，開本很大，陶文拓片用珂돌版箱中也有一部。最近，還有一種本子，名爲《新編全本季木藏陶》，是中華書局 1998 年出版，『周紹良分類整理 李零分類考釋』。1948 年捐贈陶片時，是堂兄紹良經手辦理的。他當時找馬子雲給他拓了一全份留下，因此後來紹良整理了這份拓片并出版此書。他又請李零教授作了釋文，使讀者更多受益。

季木四叔收集封泥也頗有成就。書箱中有兩部《建德周氏藏古封泥拓影目》，是民國時期文嵐簃印書局排印本。後來他全部讓給他的堂弟周志輔，由周志輔寫成《續封泥考略》和《再續封泥考略》，於

魏皇女殘石（見《居貞草堂漢晉石景》）

民國十七年（1928）北京京華印書局印製。這兩部書在書箱中也見到。目録中還有『周叔弢藏』的『封泥拓片』，不知道是否就是四叔所藏封泥的拓片？

四叔曾收藏一批銅器，編成《至德周氏居貞草堂藏器》，由商承祚先生輯入《十二家吉金圖録》印行。這部書這次没有注意到。但我十多歲時在父親的書箱中是見到過的。當時只覺得印得很考究，似乎是珂羅版、宣紙、綫裝。當時我對銅器及其銘文所知甚少，所以只是匆匆翻過。也可能這部書在1954年隨大批書先捐給天津圖書館了。那樣，就不在這批書箱中，而在圖書館的大庫中了。

季木四叔最初收藏拓本，後改爲收藏刻石。但他仍遺留有少數拓本。僅在1953年2月由我父親代表捐贈北京圖書館的一批以拓本爲主的零星文物中，就列有宋拓歐陽率更出師表、明拓孔宙碑、明拓乙瑛碑、明拓孔彪碑、宋拓黄庭經、明拓文殊經等珍品。據珏良文中説，季木叔曾藏有宋拓麓山寺碑、張石舟題校舊拓本景君銘、舊拓爨龍顔碑等。另外，有一本他親筆寫的册子，題爲『季木藏拓本草目』，其中列有668部拓本，據此可知季木四叔所藏拓本大體的數量。珏良還寫道，季木叔有《校碑隨筆補》稿本，可惜不知現在哪里了。

王貴忱先生收得季木四叔藏古錢的拓本册《匋盦泉拓》，父親寫了題跋。這可能是父親談四叔最賅括的一段文字了，我抄録在下面：

> 家弟季木好藏石刻，所得多當時出土不見著録之品。如秦石權，漢居巢劉君墓頂鎮石及石羊，漢朝侯小子碑，魏皇女碑，魏張盛墓記，晉石尠、石定父子墓誌，晉當利里社碑等石，皆爲世所重。所著《居貞草堂漢晉石影》，凡録一百三十餘品，續得之石尚未輯入，可謂富矣。解放後，余率諸侄舉藏石全部獻之故宫博物院，物有所歸，亦家弟之遺志也。泉幣非其所重，隨得隨散。大方先生嘗語我云：季木所得古泉佳品極多，如不流散，可巋然成家。其重視如此。今承貴忱先生出示此册，有家弟匋盦小印，皆

晉故尚書征虜將軍幽州刺史城陽簡侯樂陵厭次
都鄉清明里石尠字處約侍中大尉昌安元公第二
子也明識清遠有倫理刑斷少受賜官大中大夫關
中侯除南陽王文學大子洗馬尚書三公侍郎情斷
伏獄卅餘條于時内外莫不歸當遷南陽王友廷尉
正中書侍郎時正直内省值楊駿作逆詔引數式乾
殿在事正色使誅伐不覺拜大將軍秦王長史討勳
酬功進爵城陽鄉侯入補尚書吏部郎侯病去職遷
城陽大守御史中丞國清定大中正侍中[illegible]屢表去
疾出爲大司農趙王纂位左遷員外散騎常侍三王

石尠墓誌

常見之物，當是僅存者。追念大方之言，不勝悵惘，因題數語於卷末云。

一九八一年九月，周叔弢記於天津，時年九十有一。

總起來説，季木四叔是一位富於開創性的人，也是一位在藝術趣味方面格調極高的人。

（周景良　中國科學院地質與地球物理研究所研究員）

秦石權舊藏黃縣丁氏巳未
春歸家弟季木由黃縣運
天津時度量之度字微似石
磨損不損本世存無幾余
乃為之攜景并此拓同寄
萬文於青島天下好古者當共
惜之叔弢識

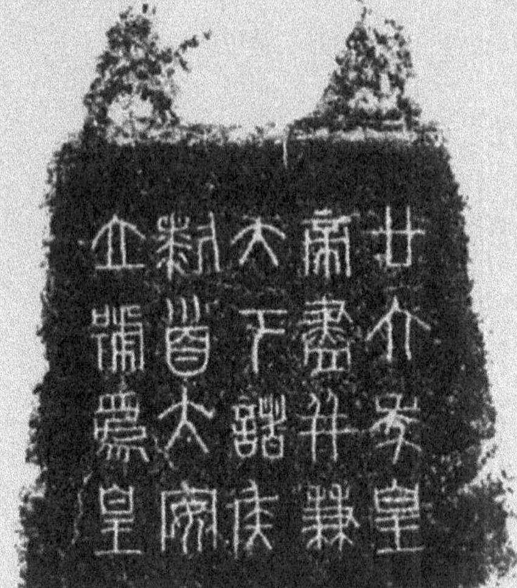

秦權拓本　周叔弢題識

家弟季木好藏石刻所得多當時出土不見著録之品如秦石權漢居巢劉君墓頊鎮石及石羊漢朝侯小子碑魏皇女碑魏張盛墓記晉石尠石室文字墓誌晉當利里社碑等石皆為世所重所著居貞草堂漢晉石影凡録一百卅餘品續得之石尚未輯入可謂富矣解放後余率諸姪舉藏石全部獻之故宮博物院物有所歸亦家弟之遺志也泉幣非其所重隨得隨散大方先生嘗語我云季木所得古泉佳品極多如不流散可蔚然成家其重視如此今承

夢忱先生出示此册有家弟匋盦小印皆常見之物當是僅存者追念大方先生之言不勝悵惘因題數語於卷末云一九八一年九月周叔弢記於天津時年九十有一

附录（二） 至德周君墓誌銘

膠縣柯昌泗撰文

番禺商承祚篆蓋

桐鄉勞　健書丹

君諱進，字季木，安徽至德縣人，系出吴南亭侯瑜。自唐荊州刺史訪，始定至德。曾祖諱光德，清贈光禄大夫。祖悫慎公諱馥，清两广总督。考讳学海，清光绪壬辰进士，浙江候补道。悫慎公勳庸德業，備載史牒。顯考暨諸父咸以文學、政事著績擅名，教子弟各專一藝，當世推爲名族。

君幼而好古，獨精金石之學。乾嘉以後，金石列在專門，不復附庸譜録，名家繼踵而起。近世濰縣陳簠齋京卿，鑒別收藏，最號精博。稍後有黄縣丁幹甫太守，私淑陳氏。

君才弱冠，已招致兩家賓客館之於家，相與討詢，深得絶旨。所收鼎彝璽印、封泥陶甓之屬，碑刻善本、著述手稿，盈積几案，日不暇給。下至濡脱朱墨，皆用簠齋之法。古陶昉自陳氏，訪得四千品於臨淄之墟，一時歎爲奇絶。君合丁氏舊藏，附以新發見者，亦將四千品拓以傳世，遐邇推爲金石學巨學。君以古石刻舊出分域，不輕移徙，前人收藏所不及。近始有藏石之風，亦由販鬻漸多，流轉無定，藏之私家，以免散佚不傳。其爲物發見最稀，重而難致，收藏者少，又不能多得。惟浭陽端陶齋尚書搜聚繁富，由漢至明，蔚然大觀。乃專收石刻，限以漢晉非篆隸之迹，不復系心思與陶齋殊途同歸。會陶齋遺物，雜出市上，君盡輾轉抉擇，賄取若《漢楊叔恭碑志》《曹真碑》諸石，陶齋之菁華，咸萃於君。自是搜羅不已，未十載得石一百五十餘方，後來寖增殆至三百。東獲魏三體石經《君奭》篇於黄縣丁氏，西從長安獲漢《朝侯小子碑》。洛陽人發地得晉石尠、石定墓誌，父子志節，史傳所□，君聞即出重金輿至以歸。又得青州居巢劉君墓中石羊六事。安徽漢石，在今日爲僅見者。其他有裨學問，不可遽數。士林引領覬石新獲，以饜所聞。昌泗昔序君《圖録》，引韓昌黎『古未嘗有』之言以著其多，人以爲非誇誕。然不喜豪奪巧取。西漢趙王遂刻石，在永年婁山摩崖；晉韓壽石□在洛陽。存古□有賈豎，自詭能鑿山岩，賂胥隸，君正色斥去，絶不與通。其所購求出於約省衣食之費，且弗計較分寸，資産爲減；簡淡自處，不營世務，生事愈絀。居天津二十年，閉門集古，不交人事，名滿天下，時人罕識其面，或疑爲高資好事者而已。

歲戊辰，移家舊京。當世名流時共談讌，睹君之容憔悴若儒。入其齋□敝陋無華飾。審其詞氣，自視歉然，不足已以尚人。至於辨析幽秘，言約旨遠，莫不驚異，稱爲博物君子。居舊京久，聲名日著，造門請交者虚衷進納，終無倦容。雖疏於世俗，周旋衆益，親附幽居，讀書不輟。暇爲詩文，韻致沖澹。嘗校定宋儒諸書，矻矻竟夜，知其自勖非僅金石之學。惜乎！中道而隕，不盡其識量也。丁丑十月朔，遽以疾卒，年四十有五。臨終恬然，無異平時，其冥心曠覽，不罥世綱，榮悴去來，一委自然。古人之高致，識者所共悲也。遺著《居貞草堂漢晉石影》一卷，《魏石經室古璽印影》八卷，君所手定，番禺商承祚以所藏彝器編入《十二家吉金圖録》，吴縣顧廷龍以所藏陶編入《古陶文善録》，皆行於世。

君娶楊夫人，以丙子秋卒，爲營葬宛平西郊之老山家塋，因預爲壽藏，年　月　日，子理良等將奉君之柩合厝於兹。以昌泗與君交最深，請爲墓銘。惟君金石之學，海内人士必能稱述不墜，想見其人。至於器局風度，含章弗曜，載筆者亦不得而略也。

銘曰：嗚呼季木，抱道以居。貞介爲質，契於璠璵。螭盟圭剡，雜置庭除。二百漢晉，圖譜所無。才并向産，或卷或舒。博物之智，闇然若愚。濡繒楷墨，亦遍寰區。紛綸經籍，是翼是扶。在久彌著，没而不渝。銘述奇偉，與金石俱。

夫人楊氏，安徽省至德縣人，卒年四十有三。側室永氏、左氏。子理良、鎮良，左出；琨良，永出。女琬良、琰良，永出。琬良適安徽省桐城縣孫澂。

附记

娱堪老人《印林清華·駝鈕》：『魏晉以降，所頒羌氏之印，皆用駝鈕，若親晉羌王、魏烏丸率仟長之類皆是，作卧駝式。秋浦周季木，有金質親晉羌王印，駝鈕尤佳，山西榆林出土，爲黄縣王聖村常玒所得，由王歸周。周曾設肆天津河北公园外，曰示樸廔，即以聖村經紀其事。聖村由儒而賈，頗通印璽之學者也。因記駝鈕金印，并涉及之，以存其人。』（《中和》，第一卷，第九期，68頁）